東日本大震災を超えて!!
—シャッター通りからの復興—

三 舩 康 道

近代消防社

は じ め に

　本書は東日本大震災から 10 年経過して、商業施設の復興についても
まとめようという思いから、出版されたものです。

　中心市街地の問題は、シャッター通りとかシャッター街と呼ばれるこ
ととなり、発展から取り残されそのままになっている状況が続いている
ことです。不振に陥った商店街が、昼からシャッターを閉めて並んでい
る状況がそのように呼ばれたのですが、なかなか衰退傾向が改善されず、
現在も続いている状況です。

　中心市街地に賑わいがなくなることは、その自治体の経済にとって地
盤沈下を引き起こす大きな問題です。

　かつて、地方の中心市街地の活性化のための委員をお願いされたこと
がありましたが、なかなか良い結果にはなりませんでした。

　旧街道沿いの通りで、歴史的建造物が並んで街並みを形成している通
りなら、その歴史的な景観を生かして、多くのお客様を呼ぶことが出来
ます。そのような街並み整備のガイドラインの作成を依頼されたことも
ありました。その結果、その地区に観光客が大勢来て町は復興しました。

　そのように地区が歴史的な街並みのように特別な状況ではない限り、
シャッター通りを改善するのは難しい状況でした。

　そのような状況の中、2011 年に東日本大震災が発生しました。津波
により、シャッター通りも流された自治体にとって、これは改善する大
きなチャンスでした。そして、シャッター通りを復旧させないように新
たな商業施設として生まれ変わるように努めました。

本書は、東日本大震災を契機として、シャッター通りを改善した商店街を中心に紹介しています。年に1回は訪れて復興状況を見る中で、シャッター通りから脱却する状況を語っていただきました。

　ここで紹介している地区が、シャッター通りとして、現在も悩んでいる地区の参考となることを願っています。

表紙カバー及び表紙写真の説明

〈表表紙〉

・上段左：岩手県大船渡市キャッセン大船渡（キャッセン大船渡提供）

・上段右：岩手県陸前高田市アバッセたかた

・中段左：宮城県気仙沼市南町紫神社前商店街（右前）と市営南二丁目
　　　　　住宅（左奥）

・中段右：宮城県南三陸町南三陸さんさん商店街

・下段左：宮城県女川町女川駅前商業エリア（女川みらい創造㈱提供）

・下段右：宮城県名取市かわまちてらす閖上

〈裏表紙〉

・上段左：岩手県大船渡市のシャッター通り
　　　　　　　　　　　　　　　（大船渡市夢商店街協同組合及川和也氏提供）

・上段右：岩手県陸前高田市のシャッター通り（タクミ印刷㈲提供）

・中段左：宮城県気仙沼市の南町紫神社前シャッター通り
　　　　　　　　　　　　　　　　　　　　　　　（坂本正人氏提供）

・中段右：宮城県南三陸町の南三陸さんさん商店街周辺の被災後の状況

・下段左：宮城県女川町のシャッター通り（女川みらい創造㈱提供）

・下段右：宮城県名取市閖上地区堤防周辺の状況（名取市図書館提供）

目　次

はじめに / 3

表紙カバー写真の説明 / 5

東日本大震災を契機に商店街の復興 / 9
　　―シャッター通りからの復興―

第１章　東日本大震災の復興とシャッター通りの改善

１．震災後の土地を行政が取得し、エリアマネジメントを導入………………… 26
　　〈岩手県大船渡市　キャッセン大船渡〉

２．シャッター通りの中心市街地に変わり、新たな中心施設として ………… 27
　　〈岩手県陸前高田市　アバッセたかた〉

３．復興公営住宅との住商複合施設として…………………………………… 28
　　〈宮城県気仙沼市　南町紫神社前商店街〉

４．復興祈念施設等との一帯の地区を形成………………………………… 28
　　〈宮城県南三陸町　南三陸さんさん商店街〉

５．民間主導で「町有地＋テナント店舗」をまちづくり会社が運営 ………… 29
　　〈宮城県女川町　女川駅前商業エリア・レンガみち〉

６．堤防の上の利用で「かわ」と「まち」が一帯となる…………………… 30
　　〈宮城県名取市　かわまちてらす閖上〉

７．堤防の上に建設したように、川沿いの堤防を利用した計画……………… 31
　　〈宮城県石巻市　旧北上川右岸の住宅・商業施設〉

8．福島県富岡町の復興に貢献……………………………………………32

　　〈福島県富岡町　さくらモールとみおか〉

第2章　各商店街の復興

1．震災後の土地を取得し、エリアマネジメントを導入………………34

　　岩手県大船渡市 キャッセン大船渡　佐藤世紀 / 中村純代

2．シャッター通りの中心市街地に変わり、新たな中心施設として…………52

　　岩手県陸前高田市 アバッセたかた　伊東　孝

3．復興公営住宅との住商複合施設として…………………………………64

　　宮城県気仙沼市 南町紫神社前商店街　坂本正人

4．復興祈念館等と一帯の地区を形成………………………………………75

　　宮城県南三陸町 南三陸さんさん商店街　佐藤潤也

5．民間主導で「町有地＋テナント店舗」をまちづくり会社が運営 …………86

　　宮城県女川町　女川駅前商業エリア・レンガみち　阿部喜英

6．堤防の上の利用で「かわ」と「まち」が一帯となる…………………95

　　宮城県名取市　かわまちテラス閖上　櫻井広行

第3章　シャッター通りへの呼びかけと復興

1．土地の公有とテナント方式………………………………………… 109

2．歩行者中心の商店街の構成………………………………………… 110

3．エリアマネジメント………………………………………………… 112

4．道の駅………………………………………………………………… 113

5．復興公営住宅との複合開発………………………………………… 114

6．大規模集約型の商業施設として、さらに公共施設を加えて……………… 115

7．他の文化施設と一帯的な開発によるセンターゾーンを創造……………… 115

8．思いの転換……………………………………………………………… 116

あとがき / 117

資料編　東日本大震災復興計画の土地利用計画（抜粋） / 121

東日本大震災を契機に
商店街の復興

シャッター通りからの復興

1 岩手県大船渡市：キャッセン大船渡 　10

2 岩手県陸前高田市：アバッセたかた 　12

3 宮城県気仙沼市：南町紫神社前商店街 　14

4 宮城県南三陸町：南三陸さんさん商店街 　16

5 宮城県女川町：女川駅前商業エリア・レンガみち 　18

6 宮城県名取市：かわまちてらす閖上 　20

7 宮城県石巻市：旧北上川右岸の住宅・商業施設 　22

8 福島県富岡町：さくらモールとみおか 　24

1 岩手県大船渡市：キャッセン大船渡

東日本大震災前のシャッター通り商店街 （写真提供：大船渡夢商店街協同組合、及川和也）

東日本大震災
2011 年 3 月中旬

キャッセン大船渡の鏡開き　2017年4月29日（写真提供：キャッセン大船渡）

キャッセン大船渡の状況①

キャッセン大船渡の状況②

（写真提供：キャッセン大船渡）

2 岩手県陸前高田市：アバッセたかた

東日本大震災前のリブル

(写真提供：高田松原商業開発協同組合)

東日本大震災前のシャッター通り商店街

(写真提供：タクミ印刷㈲)

東日本大震災
2011年3月中旬

伊東文具店仮設店舗
2011年4月15日
(写真提供：㈱山十伊東文具店)
リプルの仮設店舗はそれぞれの
個店毎に営業した。

グランドオープン　2017年4月27日（写真提供：高田松原商業開発協同組合）

陸前高田市立図書館の内部

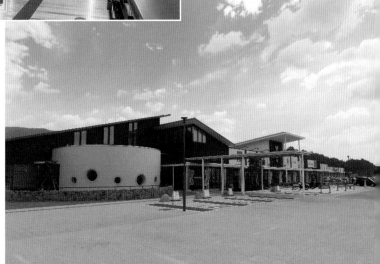

アバッセたかた外観

3 宮城県気仙沼市：南町紫神社前商店街

シャッター通り商店街
開いている店もあるが
閉じている店が多い。
（写真提供：坂本正人）

東日本大震災
（写真提供：坂本正人）

仮設商店街の状況 （写真提供：坂本正人）

14

グランドオープン（写真提供：南町紫神社前商店街 HP より）

商業施設棟

住宅棟

住宅棟と商業施設棟

4 宮城県南三陸町：南三陸さんさん商店街

東日本大震災
2011 年 3 月下旬

防災対策庁舎

仮設商店街の状況

グランドオープン　2017年3月3日（写真提供：南三陸町さんさん商店街HPより）

南三陸さんさん商店街

5 宮城県女川町：女川駅前商業エリア・レンガみち

東日本大震災以前の状況
（写真提供：女川みらい
　　　　　　創造株式会社）

東日本大震災
（写真提供：女川みらい
　　　　　　創造株式会社）

希望の鐘仮設商店街
（写真提供：救世軍 HP より）

18

グランドオープン （写真提供：女川駅前商業エリアレンガみち HP より）

女川駅前商業エリア・レンガみち

レンガみちライトアップ

海に向かって下るレンガみち （写真提供：女川みらい創造株式会社）

⑥ 宮城県名取市：かわまちてらす閖上

閖上地区堤防周辺の状況
平成 23 年 3 月 11 日
（写真提供：名取市図書館）

閖上地区沿岸部の
被害状況
平成 23 年 3 月 18 日
（写真提供：名取市図書館）

2011 年 4 月下旬の
日和山周辺

グランドオープン　2019年4月25日 (写真提供：かわまちてらす閖上HPより)

かわまちてらす閖上①

広くなった堤防の上の開発

レストラン内から川を見る

かわまちてらす閖上②　ゆったりとした堤防上の開発

7 宮城県石巻市：旧北上川右岸の住宅・商業施設

東日本大震災による旧北上川周辺の被害状況

　旧北上川の右岸については、東日本大震災前の状況は別として、新しい親水空間を創造している例として紹介します。旧北上川には中州があり、そこには、石ノ森章太郎記念館があります。そして、その対岸となる右岸部分が堤防沿いに開発されました。

　「かわまちてらす閖上」では、広く確保された堤防の天端の上に商業施設を開発し新たな親水空間を創造しました。

　しかし、ここでは、堤防の上ではなく、堤防の下の土地に建設しています。居住施設の場合は堤防の高さに1階が来るように計画し親水空間を創造しています。また商業施設の場合は、堤防の下の土地が1階部分となり、そこから2階の店舗に上がると堤防の上になります。そのため、川側から見ると閖上のように堤防の上に商業施設を開発したスーパー堤防と同じです。

　そのようにして、居住施設や商業施設を開発しています。なお、居住施設には、一部復興公営住宅も入っています。

　川沿いの親水空間が魅力的で評判がよく、石巻市の新たな親水空間として人気のスポットになっています。

旧北上川右岸の整備状況：
先にマンションが出来た。

住宅の整備状況：
堤防の高さに合わせた整備により
広々とした親水空間が確保された。

商業施設の整備状況：
堤防の高さに合わせた整備により
旧北上川の景観が堪能できる。

商業施設等の整備状況：
広々とした親水空間を持つ各種施設
が立ち並んできた。

8 福島県富岡町：さくらモールとみおか

さくらモールとみおかの外観

内観の店舗の状況

ボランティアによる
無料健康診断

第１章　東日本大震災の復興とシャッター通りの改善

　中心市街地におけるシャッター通りの問題は長年にわたる大きな問題でした。不振に陥った商店街が、昼からシャッターを閉めている状況はなかなか改善されず、10年、20年経過してもそのままで固定化され、将来的な展望が開けない状況でした。

　商店街でも振興策としてアーケードを設置し、それにより賑わいがもたらされたところもありましたが、それでもアーケードのシャッター通りとなっているところも多くありました。

　一方で、その地域に歴史的建造物がある場合、それを活かしてまちづくりの拠点とすることができました。そして、歴史的建造物が集まり並んで街並みを形成している通りの場合、線として通りの景観を形成することができます。そしてＪＲの宣伝などによる旅行ブームもあって、その歴史的な景観を生かしてまちづくりを行い、その結果、多くの観光客を集めているところもありました。そのような地区では街並み整備のガイドラインを作成するなどして、観光振興に力を入れ特色を出して整備をしました。しかし、地区が歴史的な街並みのように特別な状況ではない限り、固定化されたシャッター通りを改善するのは難しい状況が見られました。

　そのような状況の中、2011年に東日本大震災が発生しました。多数の死者が発生し、また住宅は流され地域にとっては大惨事だったのですが、大津波により、シャッター通りも流された自治体にとって、これは、シャッター通りを改善する千載一遇のチャンスでした。そして、シャッター通りを復旧させないように新たな中心市街地として生まれ変わるように努めました。

　その中には、以前とは全く変わり新たに賑わいを創り出している商店

街が目に付きました。

　このように、地域が劇的に転換した現実は記録するべきと思い、東日本大震災後、10年間に被災地の視察をした中から、目に付き成功していると思われる地区を選び、商業施設の中で代表や事務局等、頑張っている方々にヒアリングを行いました。

　ここでは、成功している施設でも、基本的にはシャッター通りであった商店街が劇的に生まれ変わった地区を中心に取り上げています。

　今回、選んだ商業施設は、以下の8施設を取り上げていますが、過去にシャッター通りではなかったものも取り上げており、それらについては、巻頭の写真の紹介のみにしています。

1．震災後の土地を行政が取得し、エリアマネジメントを導入
〈岩手県大船渡市　キャッセン大船渡〉

　岩手県大船渡市では、「キャッセン大船渡」を取り上げています。

　大船渡湾に面する地区には商店街がありましたが、ほとんどシャッター通りでした。その地区が東日本大震災で被災しました。港湾地区の被害が大きく、低地部分のほとんどが甚大な被害を受け、大規模な工場や商店街も甚大な被害を受けました。被災した住民や事業者の中には、今回の東日本大震災を契機に土地を手放す意向の事業者も多く、そのような状況を受けて、市が土地を引き取ることにしました。

　そして、市は、商店街の復旧に取り組みますが、シャッター通りを復旧するわけにはいかないと、公有地となった土地に新たな商店街を復興することにしました。基本的に事業者にはテナントとして入ってもらい事業をしていただき、また、新たにエリアマネジメントを導入しイベントの多い商業エリアを開発することにしました。

　商業施設は一棟の大規模な商業施設とするのではなく、いくつかの小規模な建物に分け、新たな商業施設の開発を行いました。そして、駐車

場は分散し、基本的に歩行者中心のショッピングゾーンを形成しました。新たなショッピングゾーンは、広場がありイベントが多く、親子連れで来られるような雰囲気です。いつでも気軽に来られるような、市民に愛されたショッピングゾーンとなっています。

２．シャッター通りの中心市街地に変わり、新たな中心施設として
〈岩手県陸前高田市　アバッセたかた〉

　岩手県陸前高田市では、「アバッセたかた」を取り上げています。

　陸前高田市は大規模な嵩上げと区画整理で知られていますが、東日本大震災以前のアバッセたかた周辺はシャッター通りの商店街でした。そのようなシャッター通りからの脱却を目的に、高田松原商業開発協同組合による約20店舗からなるリブルというロードサイド型の商業施設が建設されました。駐車場もあり賑わいを見せていたのですが、その一方で中心市街地のシャッター通りはそのままでした。

　そのような状況の中で東日本大震災が発生しました。大津波により約7万本の名称高田松原の松は壊滅的な被害を受け、「奇跡の1本松」が話題となりました。陸前高田市の市街地はほとんど流され、シャッター通りもリブルも流されました。そして、陸前高田市は安全なまちを創ろうと、大規模な嵩上げと区画整理を行いました。

　高田松原商業開発協同組合は、震災復興を模索して行く中で、嵩上げされた市有地を借り、リブルの約半数の方々に周辺の商店を加え、また核店舗となる大型商業施設を加え、さらに図書館等新たな施設を増やして集中させた規模の大きい復興の中心施設を建設することとし、アバッセたかたをオープンしました。現在、周辺に商業施設が徐々に立地し、アバッセたかたは広がりゆく商業施設の中心として位置付けられています。

3．復興公営住宅との住商複合施設として

〈宮城県気仙沼市　南町紫神社前商店街〉

　宮城県気仙沼市では、南町紫神社前商店街を取り上げています。

　南町紫神社は、小高い丘にある小さな神社です。その下にある南町紫神社前商店街は、気仙沼港から内陸に続く商店街で、時代の流れとともにいつしかシャッター通り商店街となっていました。

　東日本大震災で、気仙沼港とともに商店街も被災しました。その時、被災した商店街の有志で、仮設商店街を建設しました。当初仮設商店街への出店者は少なかったのですが、予想を超える大勢のお客さんが来ることになりました。その後出店者数が増え、当時では被災地最大の54店舗の仮設商店街となり活況を呈しました。

　そして、復興を検討して行く中で、漁師が多かった住民が近くの飲み屋に通っていたという風習もあり、そのことに配慮することになりました。通常の商店街の復興では、商業施設のみの復興です。しかし、商業施設のみではなく人の住むところも一緒につくらないと成り立たないと検討し、新しく生まれ変わり、気仙沼市の復興商店街として、復興公営住宅と商業施設の複合施設を建設することになりました。

　復興公営住宅と商業施設の複合施設により、広場ではイベントも行われています。

　気仙沼港には観光船の発着場であるエース・ポートがあり、その南町海岸周辺は復興により新しく商業施設が出来ました。南町紫神社前商店街から、エース・ポートまでの商業ゾーンを散策するのも楽しいです。

4．復興祈念施設等との一帯の地区を形成

〈宮城県南三陸町　南三陸さんさん商店街〉

　宮城県南三陸町では、南三陸さんさん商店街を取り上げています。

　南三陸さんさん商店街のあった土地では、衰退傾向の商店があった土

地でした。南三陸町も津波によりほとんどの施設が流された町です。特に、防災対策庁舎で最後まで避難を呼びかけた女性職員が殉職した出来事は日本中に知られることになりました。

　東日本大震災からの復興計画では、商店街を復興させることになりました。しかし、商店街ばかりではなく、復興祈念施設など他の施設と集合させ町の核となる地区として、復興の拠点となるべく計画をしました。

　建物は、現在流行となっている木造の平屋建ての施設です。商店街のそばの川に出来た木造の橋を渡ると、防災対策庁舎と祈念公園がすぐ近くです。しかし、防災対策庁舎には20年という一定の年限があり、その後の将来は決まっていません。そのため、今なら確実に見に行くことができます。

　また、ヒアリングに行った時に建設中であった伝承館は既に完成しています。また、南三陸さんさん商店街と伝承館そしてBRT（バス高速輸送システム）の志津川の新しい駅等を含めて、道の駅とすることを予定していました。伝承館は「南三陸311メモリアル」と名称を変え、令和4年10月1日、「道の駅さんさん南三陸」がグランドオープンしました。

5．民間主導で「町有地＋テナント店舗」をまちづくり会社が運営
〈宮城県女川町　女川駅前商業エリア・レンガみち〉

　宮城県女川町では、女川駅前商業エリアを取り上げています。

　女川町駅前商業エリアのあった土地でも、海に向かってなだらかに降りて行くメインの通りであった商店街は衰退傾向となり、シャッター通りとなっていました。

　東日本大震災が発生し、女川町の低地部は甚大な被害を受けました。女川町では高台にあった病院が話題になりましたが、その高台にも津波が押し寄せ、病院の1階にはその痕跡が保存されています。

　復興計画では、東日本大震災で被災した土地を嵩上げしました。そし

て海の見える通りを活かし、新しい町の拠点施設としてJR女川駅からなだらかに海に向かって一直線状に下るまちづくりを計画しました。この歩きながら海に向かって下る雰囲気が良いです。

　下って歩いて行きつく先の港湾部には、被災した交番が震災遺構とし現地保存されています。高台の病院の痕跡に加え、ここでも津波の惨状を知ることが出来ます。

　町有地の土地に店舗のある施設建設し、それを第三セクターの「女川みらい創造株式会社」が運営管理し、事業者はテナントによる入居を基本としています。

　これらの施設が数棟に分散されているのが良い雰囲気です。民間主導で進められたまちづくりをしている町で、海に向かって下る道は、当初はプロムナードと呼ばれていましたが、今では新しく「レンガみち」という呼び方が定着しました。東日本大震災後に建設された、トレーラーハウスによるホテルに宿泊するのも良いです。

6．堤防の上の利用で「かわ」と「まち」が一帯となる
〈宮城県名取市　かわまちてらす閖上〉

　宮城県名取市では、かわまちてらす閖上を取り上げています。

　かわまちてらす閖上は、名取川の右岸の堤防の天端を大きく広げ、その堤防の天端の上に商業施設を開発した例です。このような堤防の開発は、以前はスーパー堤防と言われた開発です。

　名取市の閖上地区の商店街はシャッター通りになっていました。

　東日本大震災で名取川周辺も壊滅的な被害を受けましたが、地元ではこの機会に、国土交通省が提案した名取川の堤防の天端を広くし、そこに商店街をつくる案を受け入れることにしました。土地は国有地と市有地です。

　地元では、自分達では考えることも出来なかった国土交通省の提案に

乗ることを決め、賛同する事業者を集め、実現にこぎつけました。巻頭の 20 ページでは、当時の堤防を見ることが出来ます。

　堤防を広げ、安全性を高め、商業施設を計画して、川沿いの景観を楽しむ、そのことが新しい閖上の魅力となりました。風光明媚なレストランにより市民以外にも、観光客を集めています。

　ここでは商業施設について取り上げていますが、周辺には共同住宅なども建設されています。

　このような堤防の上の開発は、土地の少ない都市部には開発には困難が伴いますが、土地利用上は有効です。川沿いに建設されるカミソリ型の堤防、そしてその背後に建設される住宅地というように、川と市街地が分断される従来の市街地の構造から脱却しています。スーパー堤防と呼ばれていましたが、避難する場合は水平避難ではなく、高台の高層建築に避難するという、川と一帯となった高台まちづくりと呼ばれており、新たな街を堤防の上に開発する計画です。これから求められる新しい町の在り方としての提案です。

7．堤防の上に建設したように、川沿いの堤防を利用した計画
〈宮城県石巻市　旧北上川右岸の住宅・商業施設〉

　これは、巻頭の 22・23 ページで紹介している石巻市における旧北上川沿いの右岸のエリアの開発のことです。前項で紹介した、スーパー堤防によるかわまちてらす閖上と同様な効果をもたらす開発です。

　特にシャッター通りの改善というような目的ではなく川沿いが開発された例です。

　宮城県石巻市の旧北上川の中州には石ノ森章太郎記念館があります。その対面となる旧北上川の右岸に、スーパー堤防の上の開発のように堤防の上を利用し、住宅や商業施設等を建設し、魅力ある親水空間としての開発を行っています。広々とした川の景観を楽しむことは、得難い景

観を得ることになりました。

　また、商業施設の場合、一階部分を市街地側にある堤防下の道路に面して建設し、2階部分を堤防の上に川に面して建設することが出来ます。この方式により、堤防の部分を少なくすることができます。そのため、土地の少ないところでは、実現性のある提案です。

　現在、中州にある石ノ森章太郎記念館をつなぐ橋が出来ていますが、この石ノ森章太郎記念館のある旧北上川の中州と、今回開発されている旧北上川の右岸は、石巻市の新しい魅力的なスポットとなると思います。

8．福島県富岡町の復興に貢献

〈福島県富岡町　さくらモールとみおか〉

　福島県での商業施設の例も紹介しておきたいと思い、巻頭の24ページに富岡町の「さくらモールとみおか」を紹介しました。

　福島県では原子力発電所事故の影響で、なかなか住民が戻ってきませんでした。少しずつ帰宅困難区域が解除されていく中で、「さくらモールとみおか」がオープンしたニュースが流れ、多くの町民が来店した状況が報道されました。

　原子力発電所事故の影響で、福島県富岡町で2016年11月に、飲食店と日曜雑貨店で先行オープンしていましたが、食品スーパーとドラッグストアが加わり、2017年3月に全面オープンしました。店舗面積は約6,000㎡あり、利便性が大幅に向上した施設となりました。駐車場も広く確保され、地域の生活を支える拠点施設として交流の場となりました。巻頭の24ページの写真は、ボランティアによる無料健康相談も行われている状況です。

　原子力発電所事故の影響は、被災地により異なる状況です。富岡町ではこのような大型店がオープンされましたが、一方浪江町では、同時期に町役場のそばに小さな仮設商店街が建設され、住民が戻ってくるのを

待っている状況でした。

　なお、道路の反対側には東京電力廃炉資料館が 2018 年 11 月にオープンしており、入館すると映像でいろいろな資料をみることができます。

第2章 各商店街の復興

1. 震災後の土地を取得し、エリアマネジメントを導入

岩手県大船渡市 キャッセン大船渡

佐藤世紀（大船渡市土地利用課）

中村純代（㈱キャッセン大船渡）

「キャッセン」とは、岩手県気仙地方の言葉で「いらっしゃい！」という意味です。ＢＲＴ（バス高速輸送システム）の大船渡駅の近くに開発された商業施設「キャッセン大船渡」には、誰でも気軽に遊びに来てもらえる場所になって欲しいという思いが込められています。

以前は、シャッター通りと言われたように、商店街は賑わいの無い通りとなっていました。しかし、東日本大震災を契機として、そのような状況を何とかしようと、大船渡市が中心となって開発を進めました。大

図1 キャッセン大船渡の構成

部分の土地が居住制限のかかる区域（災害危険区域）であり、売却希望のある土地については、市が積極的に買い取るなどして、主な土地所有者となりました。

　そして市では、民間事業者を対象として予定借地人を公募し、商業・業務機能の集積化を図りました。そして、まとめて商店街を造り替え、そこにエリアマネジメント手法を導入し、現在賑わいのある地区となっています。

　キャッセン大船渡の構成は、モール＆パティオとフードヴィレッジで構成されています。

＜施設概要＞
・名称：キャッセン大船渡
・所在地：岩手県大船渡市大船渡町字野々田 12−33
　　　　　（㈱キャッセン大船渡）
・建物数：7 棟
・店舗数：モール＆パティオ　20 店舗
　　　　　フードヴィレッジ　12 店舗
・土地：市有地
・オープン：2017 年 4 月 29 日
　　　　　　（㈱キャッセン大船渡の設立：2015 年 12 月 15 日）
・資本金：3,000 万円
・事業：津波復興拠点整備事業、土地区画整理事業

　2021 年 12 月 28 日(火)、大船渡市土地利用課の職員(課長：鈴木康文、課長補佐：佐藤貴裕、主任：佐藤世紀) とキャッセン大船渡のエリアマネジメントディレクターの中村純代さんにお伺いしました（写真 1）。

写真1　ヒアリングの様子
左から、佐藤世紀・鈴木康文・中村純代・佐藤貴裕の各氏

❶　株式会社キャッセン大船渡の成り立ち

三舩：最初に、キャッセン大船渡の成り立ちについて市のほうからお願いいたします。

市（土地利用課　佐藤主任）：では、ご説明させていただきます。大船渡駅周辺地区については、ご存じのとおり全体が被災しました。その後、今後のまちづくりについて市民や有識者の方々と話し合いを重ねた結果、大船渡駅周辺地区の復興にあたっては、津波からの安全が確保されたまちづくりと賑わいのある商業・業務機能の集積を図るとともに、震災前の課題も解決しつつ、市と住民が協働しながらまちづくりを進めることとしました。

　駅周辺地区に関する土地利用計画については、数十年から百数十年の頻度で発生する津波に対しては「湾口防波堤」と「防潮堤」により人命と財産を守り、震災クラスの津波に対しては、「湾口防波堤」と「防潮堤」に加えて住民の避難を軸とする「多重防御」により減災するという考え方が根底にあります。

　この考え方に基づき、駅周辺地区については、土地利用計画に基づいて、土地区画整理事業と津波復興拠点整備事業（以下、「拠点区域」と

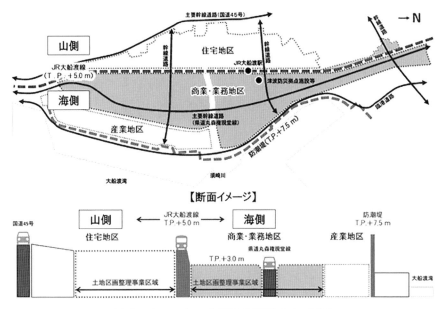

図２　キャッセン大船渡の復興イメージ図

いう。）を組み合わせ、図２のとおりJR大船渡線から山側については、住宅地区とし、海側については、商業・業務地区として整備することとしました。また、災害危険区域の指定により、海側は居住を制限し、商業・業務系の土地利用がされるよう誘導しています。

（1）拠点区域の考え方

三舩：拠点区域について、もう少し説明をお願いいたします。

市（土地利用課　佐藤主任）：図２のとおり、JR大船渡線から海側の中心部は、市民、市内事業者、有識者を含めたまちづくりワーキンググループからの提言に基づき、安全性を確保しながら商業業務機能の早期再生と都市機能の集積を図るため、津波復興拠点整備事業を実施しました。

　事業を進める上で、震災前からの課題であるシャッター商店街の解消についても考えなければなりませんでしたので、ワーキンググループで

図3　事業の範囲

は、「エリア一帯でまとまりのあるまちづくり」の必要性や「将来にわたり維持できるまち」の重要性が指摘されておりました。他にも、このようなエリアマネジメントを推進する事業主体として「まちづくり会社」の位置付けを求める意見がありました。

　これらの意見や、当時エリアマネジメントに関する協定を結んでいた大和リース株式会社からの助言を元に、拠点区域の土地については、持続的なまちづくりのため、借地人に期限付きで貸し付けることとしました。

　これは、震災前からの課題だったシャッター商店街化を防ぎ、将来の大人がまちを見直せるようにするための仕組みです。

　拠点区域の大部分の土地は、居住の制限のかかる区域（災害危険区域）等において、売却意向のあった民有地を、市が直接買収又は買取り集約換地したものです。主な土地所有者となった市では、8つの商業街区と1つの業務街区に分けて、民間事業者を対象として予定借地人を公募し、商業・業務機能の集積化を図りました。

（2）エリアマネジメントの導入とまちづくり会社の設立

三舩：エリマネジジメントの導入は興味がありますね。経緯をもう少しお願いします。

市（土地利用課　佐藤主任）：まずは、エリアマネジメントの導入に至った経緯をご説明させていただきます。

　シャッター商店街化をはじめとした震災前の課題も含めて解決し、将来にわたり継続して魅力と賑わいあるまちづくりを進めていくためには、市と住民等がそれぞれの役割に応じて協働して進めていくことが重要です。このため、エリアマネジメントの手法を導入することとし、3つのワーキンググループを作り、推進体制等の構築に向けた検討を進めました。

　検討を進める中で、市は、まちづくりの推進組織の運営に、ノウハウを有する民間事業者の力が必要と考え、「エリアマネジメント・パートナー」（以下、「AMP」という。）を公募し、大和リース株式会社と協力協定を締結しました。これを機に、エリアマネジメントの実現に向けた課題が明らかになり、公共施設や借地人による拠点区域内の街区整備のほか、市による仕組みづくりにおいても民間ノウハウが活かされました。

　具体的には、協定締結後、予定借地人と市、商工会議所、AMPの9団体で、復興まちづくりの方向性を具体的に決定するための機関である「官民連携まちづくり協議会」を発足させたのですが、補助金を活用した施設整備の検討を進める中で、商業者と市に対し適切なアドバイスや提言をいただきました。また、この時に、AMPからの提言により、協議会委員の賛成を受けて、エリアマネジメントの推進組織であるまちづくり会社を設立する運びとなりました。

　その後、協議会内でまちづくり会社の目的や組織形態、資本構成、収入の柱となる事業の内容、役員構成などを熟議し、市や商工会議所、大和リース株式会社、地元企業、金融機関の出資を元に株式会社キャッセ

H23年度	・ 大船渡市復興計画において土地利用計画の概要を定める
H24年度	・ ワーキンググループにより必要機能を検討、委員よりエリアマネジメントによる取組の方向性が提言される
H25年度	・ ワーキンググループにより大船渡駅周辺地区のグランドデザイン及び拠点区域の基本計画（案）を検討、エリアマネジメントの推進及びまちづくり会社の位置づけが盛り込まれる ・ エリアマネジメントのノウハウを有する民間事業者を公募・選定し、大和リース株式会社と協力協定を締結
H26年度	・ 拠点区域の予定借地人を公募・選定 ・ 官民連携まちづくり協議会を設立、関係者を交えたまちづくりの方向性や取組に関する検討を開始
H27年度	・ 官民協働によるまちづくり会社の設立準備を始める ・ タウンマネージャーを公募・選任 ・ まちづくり会社「株式会社キャッセン大船渡」を設立

表1　キャッセン大船渡のあゆみ

ン大船渡（以下、「キャッセン大船渡」という。）を設立しました。

（3）エリアマネジメントの仕組み

三舩：経緯については良くわかりました。続いて仕組みについてもお願いいたします。

市（土地利用課　佐藤主任）：キャッセン大船渡は、エリアマネジメントを推進する組織として「100年後の大船渡人に引き継ぐマチ文化」という恒久的な方針を掲げ、多様なまちづくりの主体を繋ぐ役割を担っています。

　エリアマネジメントを推進するためには、財源が必要になりますが、当市の場合は、拠点区域の主な土地所有者が市であることを生かして、独自の仕組みを導入しています。

　市の規則により、拠点区域において、都市再生特別措置法に基づく都市再生推進法人（以下「推進法人」という。）が業務としてエリアマネジメントに取り組む場合は、主な土地所有者である市は地代を固定資産

税相当額まで減額し、借地人は減額された額の一部をエリアマネジメントの財源として推進法人に直接支払うほか、一部を借地人独自で拠点区域の価値向上のために活用することができるものとしています（図4）。

　キャッセン大船渡は、市から都市再生推進法人の指定を受けて、各街区借地人から拠出される額を財源としながら、様々なまちづくりの活動を実施しています。

　このような仕組みにした理由は、エリアマネジメントを達成するためには、その財源を創出するだけではなく、各借地人による「得意分野を活かした取り組み」が必要であり、また、推進法人によるエリアマネジメントの取り組みと併せて、毎年度実施と検証が繰り返されることそのものが、まちの持続性を高めるものと考えたためです。

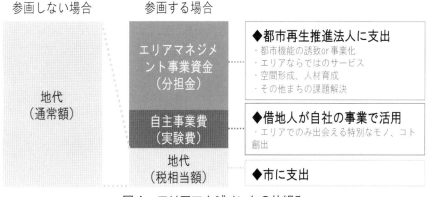

図4　エリアマネジメントの仕組み

（4）震災を契機に、まちの課題を解決する

三舩：シャッター商店街の解消と、持続可能な商店街を目指して考えられた仕組みということで、エリアマネジメントの事業資金の持続性を追求したわけですね。

市（土地利用課　佐藤主任）：かつて大船渡駅周辺地区にあった商店街は、震災を経て世代交代が進み、後継者不足などにより約7割が閉店となってしまいましたが、残った人たちだけでも自分たちでなんとかしようという機運がありました。また、新しく商売を始めたい人たちも一定数おりました。

　一方、市では、シャッター商店街をそのまま復興するのではなく、エリアマネジメントの仕組みを導入して、商業施設を拠点区域にまとめ、将来にわたって持続可能なまちを作ろうとしておりました。

　このような背景から、商業機能の更新性を確保することの重要性を考慮し、拠点区域で事業を営もうとする小規模事業者については、キャッセン大船渡や大船渡夢商店街などが経営する商業施設にテナントとして入居することを原則としています。

　加えて、人口の減少に従って空き床が増えていくような状況にも極力対応できるよう、商業施設の規模は「大船渡市まちなか再生計画」に示す整備可能面積の範囲内とするほか、更新しやすいつくりにすることを基本としています。

　このように、様々な仕組みづくりにより、震災前のまちの課題を解決しつつ、持続可能なまちづくりを進めております。キャッセン大船渡の成り立ちについては、以上になります。

❷　エリアマネジメントの展開

三舩：それでは次に、キャッセン大船渡エリアマネジメントディレクターの中村さん（写真2）から、エリアマネジメントの展開についてお伺いしたいと思います。

中村：そもそも東日本大震災前の大船渡地区は大船渡駅を中心にいくつかの商店街や住宅、地域の中核企業が密集する中心市街地でした。

三舩：かつては道路に沿って商店街があったということですね。

中村：そうですね。国道45号
と海の間に、大船渡の入り口と
して「大船渡港」と「大船渡駅」
があり、その間に4つの商店街
や住宅街、基幹産業である水産
業をはじめ、地元を代表する企
業などが集積する地でした。か
つては県管理重要港湾である
「大船渡港」を後背に発達した
港町でもあり、海に近いところ

写真2　キャッセン大船渡
エリアマネジメントディレクター
中村純代 氏

にはスナックなどが並び、港湾従事者や船員さんなどで賑わう、夜の街
の顔もありました。震災で、海側に形成されていた商店街は壊滅的な被
害を受け、被災家屋のうち全壊は8割に上り、商店街の皆さんの中には
お店と自宅を同時に失った方も少なくありませんでした。

　さきほど市役所の佐藤さんのご説明にもありました通り、震災後の津
波復興拠点整備事業において、JR大船渡線より山側の地域は移住エリ
ア、海側の地域は商業・業務専用のエリアとして二分されていることか
ら、商業・業務エリアの来街者は「消費者」に限られ、震災以前の住居
兼店舗からなる商店街とは大きく様変わりしました。

　そこに、かつてあった人々の日々の営みや生活の風景を、そのまま取
り戻すことはできないでしょう。しかし、「消費者」だけでなく「生活者」
が集う街を作ることはできるのではないか、川で遊ぶ子どもたちに目を
細める大人たち、行き交う人びとが立ち止まって世間話をしたり、魚や
野菜をお裾分けするような日常を生み出す「場」、それらを創る取り組
みは新しいまちの景色をつくる大事な要素になると考えました。

三舩：心づかいが感じられますね。これはUR（独立行政法人都市再生
機構）さんが入ったのですか。

市：UR さんにお願いしました。市の職員がやるにはスタッフとパワーが足りませんでした。

中村：キャッセン大船渡は 2017 年 4 月にオープンして先日 5 周年を迎えました。オープン当初の開業景気と、その後の一旦のクールダウンから再度上昇傾向になってきていた矢先の 3 年目に今回のコロナ禍に直面することとなりました。震災からようやく本設となり事業を再開した事業者、商業者の方にとってはここで再びどれだけ頑張れるか、踏ん張れるかという辛い試練の期間となりました。

　各事業者が企業努力を続ける一方、キャッセンでは、歩みを止めることなく、アウトモール型施設である利点を生かした屋外中心のイベントや、店主が中心となって手がける販売促進に取り組んでいます。人が集まる「場」の意味が大きく変わり、その一方で場の集積体である商店街に求められる役割についても改めて原点から見直す機会ともなりました。人が集まる時、その理由は何だろうということですね。

　震災後にできた沿岸各地の商店街をいろいろと回られる中で、三舩さんも肌で感じていらっしゃると思うのですけれど、それぞれのまちづくりの原点、最初の視点というものに皆一旦立ち返り、見つめ直す機会につながったのではないでしょうか。未だ困難な時期は続いていますが、自分たちの見たい風景を作るため、独自で動き出しているお店があったり、お店同士のコラボレーション企画が発生したりとコロナの終息を待たず、次々と新しい流れが生まれています。

写真 3　キャッセン大船渡①
各店舗と広場により構成される

（1）プレイス・メイキング

中村：キャッセンのエリアマネジメントの役割については、すでに市役所の方からご説明がありました。私からはこれまでの具体的な取り組みと持ち続けている視点について、ご説明していきたいと思います。

　さきほど「場」づくりということを申し上げました。プレイス・メイキングとはすなわち場の創出、場の魅力の創出ということになります。先述の通り、ここは住宅のない、商業・業務専用区域です。朝晩に通りを行き交う人の足音の無い、夕ご飯のさんまの焼ける匂いがしない商店街です。いらっしゃいというだけではお客様は来てくれません。そうなるとそれぞれの店舗の魅力から成る買い物や飲食といった消費の「場」だけでなく、日常的に足を運びたくなるような、生活の「場」づくりが必要となります。

　それは商業者と生活者をつなげる「場」であったり、消費者が生活者へと置き換わっていくような「場」だといえます。最初の2年くらいは様々な企画を年間100件以上のペースで実施し、それぞれ「消費者」「生活者」「商業者」の方々などの反応を聞き取りました。

　最初はファミリーを主体に、その後は様々な層をターゲットに、やってみる、修正する、またやってみる、ということをひたすら行いました。件数で言うと、オープンの年(2017年度)の年間100件程度から毎年増えて、コロナ禍の昨年（2021年度）でも228件の企画がキャッセンでは行われています。

三舩：すごい活動量ですね。

中村：この228件の中には、キャッセンで企画したものもありますが、この「場」づくりの取り組みの中で、地域の皆さんや事業者のみなさんが、それぞれ自分たちのやりたいこと、得意なこと、好きなことを見つけて実施しているといういわゆる自走の状況ができつつあります。

　例えば、初年度にキャッセンで開催したガーデニングのワークショッ

プの参加メンバーが翌年に市民団体を結成し、今ではエリアの植栽管理やワークショップなど、年間を通してキャッセンで活動をしています。草取りの最中に珍しい花の名前を知りたいお客様との会話が生まれたり、余ったからと苗や球根を持ってきてくださる地元の方がいたりと、そこから広がる「場」も自然と生まれています。

また子どもイベントに参加したママさんたちが自分たちも楽しみたい！とイベントを企画したり、「大船渡でも美味しいパンを食べたい」「子どもに安全なパンを食べさせたい」というママさんたちの声を受けて始まった「金曜日のパン屋さん」という企画など、結果として幅広い世代に広がる「場」が生まれています。

子どもが家族と一緒に来て、飲食や買い物を楽しんでもらうために最初はたくさん子ども向けの企画をやりました。夏休みに、家族の滞在時間を増やしてもらおうと、広場に巨大なプールを置いたところ、非常に人気となり、この経験からエリアの中を流れる川で、子どもたちに遊びながら川の藻を清掃してもらう「藻〜ストバスターズ」という企画が生まれました。今でもキャッセンを訪問する中高生やボランティアに人気の企画です。

また地ビールの飲み放題フェスタを大船渡ではじめて開催することになった際には、昼間からビールを飲むというイベントが地域になかったことから、家族で参加できる企画とすれば来やすいのではないかと、子どもイベントを併設しました。子どもも大人も楽しめる、家族向けのイベントというイメージがついて、年々参加者数も増えてゆき、コロナ禍の中での開催となった 2020 年には実にビールチケット販売数の 3 倍近くの最高参加者数を記録しました。キャッセンのビアガーデンなどアルコールイベントはこの他にも様々な形で開催していますが、いずれも家族連れの参加が多いことが特徴です。ビール自体の魅力もさることながら、キャッセンのビアイベントが家族で安心して楽しめるという「場」

として成長していることを実感しています。

三舩：それは楽しそうですね。

（2）タウンプロモーション

中村：プレイス・メイキングで皆さんと一緒に「場」を創り、その価値を伝え、高めることが「タウンプロモーション」です。商品を磨き、商業者の魅力とともに伝え、「共感」を創出することで、顧客候補を増やし、大船渡に関わる商勢人口の獲得に繋げていく試みです。商業者の魅力を「モノ」だけでなく「コト」売りの要素を付加することで、お客様との関係を深めていくことと考え、幅広い生活者が来訪する機会に効果的につなげられるよう様々な取り組みを行っています。

　商店街を楽しい生活の場とし、お店の課題解決にもつなげる試みの一つが「マチコヤ」です。キャッセンの複数の店舗や住民が連携して、それぞれの得意なことを組み合わせ、ワークショップ形式で行っています。お魚屋さんがさばき方を教える「旬のさんまのカルパッチョ」をお花屋さんから教わるアレンジメントで飾ったテーブルコーディネートでいただいたり、本屋の店員さんが選んだおすすめの小説をテーマにバーで語り合い、小説をテーマにしたオリジナルカクテルを楽しんだり、木工職人の店主と作ったウッドボードに、イタリアンのシェフのこだわりアンティパストを飾り付けてお洒落な写真を撮る等々、大学生のインターンが企画を担当することで新鮮な視点を持ちながら過去に8回

写真4　キャッセン大船渡②
　　　　夏の通りの風景
　　　　（写真提供：キャッセン大船渡）

開催し、毎回満員御礼の人気企画となり、継続して開催しています。

　震災後の再開発地区にできたまちとして「防災」にも力を入れています。最初は親子企画として、広場で子どもたちと一緒にサバイバルキャンプと称し防災キャンプを行いました。親子で火起こしや、ロープの結び方、段ボールトイレの作り方などを学び、避難所の要素を加えたキャンプを商店街の中で体験してもらいました。また2020年からは「防災」と「音楽」を結びつけた「ソナエマチモリ」という企画も行っています。昨今、急速に市場を拡大させている「アウトドア」や「キャンプ」を切り口に「遊ぶ　学ぶ　笑顔になる」をキーワードに、キャンプや様々なプログラムを通じて、楽しみながら地震・津波・水害・コロナなどの自然災害に対して防災意識の向上を図るイベントです。

　また、震災を経験していない若い世代が増え行く中、明日への備えをいかに次世代につなぐかという視点から、音声AR技術を活用し、スマートフォンで体験できる、防災×観光アドベンチャー『あの日〜大船渡からの贈り物』（監修：東北大学災害科学国際研究所柴山明寛准教授）を開発。復興したまちを実際に歩き、防災啓発や津波伝承の「いきる知恵」を心と体を使って獲得できる新しい取り組みで、商店街を訪れた人が誰でも体験できます。今後は震災学習旅行や、南海トラフ地震など津波襲来が予測されている地域の事前防災に寄与するメニューづくりを進めるなど、「大船渡からの贈り物」を充実させていく予定です。

三舩：防災にも力を入れているというのは良いですね。

（3）エリアマネジメント

中村：キャッセン大船渡はまちづくり会社として設立されました。震災後にハードが整備された「まち」をエリアマネジメントの仕組みを通して、継続的に「守り」、「盛り上げる」、そして地域の人々や事業者の皆さんと一緒に「育てる」ことが、震災前よりもさらにいい「まち」を作

ることにつながると考え、日々の課題に取り組んでいます。

　「空間」も「場」も誰かが作るのではなく、関わる人たちが一緒に育てていくものです。誰かのぽろりとこぼした一言、「こういうことやってみたい」「こんなのあったら楽しいよね」を、カタチにできるのはそれを受け容れる「マチ」という器の大きさにかかっているのかなと思います。

　今年の6月には新しく大船渡市の社会福祉協議会が手がける地域との協働スペースがオープンしました。手芸や体操など、高齢者の方の「楽しみ」「生きがい」づくりにつながる企画が毎日のように行われ、加えて男性向けの囲碁や将棋や、若い人向けの就労支援活動、子ども食堂などの教育的支援なども始まっています。隣には地域コミュニティを刺激するイベントなどを行いながら人と人をつなぐ、まちのハブ機能を持ったコワーキングスペースや、IT企業のサテライトオフィスもでき、様々な年代の方が訪れ、生活の一部として滞在を楽しめる機能が日々増えつつあります。

　キャッセンで3年目となる体操教室に参加者のみなさんは、すっかりお店やイベントにも詳しくなり、良いと思うものは積極的に口コミ宣伝もしてくださいます。先日も「気がついたら今日は一日キャッセンにいたよ」と笑いながら教えてくれました。何気ない一言でしたがとても嬉しかったですね。

三舩：住民からそういう一言が聞けるというのはやりがいがありますね。最後に一言お願いします。

中村：まちづくりについての取り組みに正解はないと思います。数字としての成果はもちろん重要ですが、子どもたちの笑顔や、お客様が楽しんでいる姿、商業者の皆さんの生き生きと働く様子が、積み重なって魅力的なまちを少しずつ形作っていくのだと日々実感しています。「新しいものを生み出すこと」、「形あるものを守ること」、「少しずつ形を変え

ていくこと」。

　キャッセンが大切にしているこの３つの要素は、コロナ禍という非常
事態を経ても、大きく変わるものではなく、入れ替わりながら、地域の
活力を維持していくためには欠かせない大切な視点だと考えています。
キャッセンとしてその視点を明確に保ちつつ、地域の皆さんと一緒に、
良いまち、楽しいまちとは何かということを常に考えて、作っていけた
らと思います。

三舩：今日は勉強になりました。市役所が入っていることは大きいです
ね。また、広いスペースがあることはいいことですね。お忙しい中あり
がとうございました。

ヒアリングを終えて

　大船渡市には、東日本大震災発生後、およそ１週間後に視察に来て以
降、何度も足を運びました。特に、戸田市長が高校の同期ということも
あり、専門家の派遣制度により、２年目以降はほぼ月に１回のペースで
大船渡市の越喜来地区の２つの集落の復興支援に足を運びました。

　その地区は、キャッセン大船渡とは港の反対側の地区でありそちらも
大きな被害を受けていました。その後、タレントのシェリーさんも復興
支援をすることになった地区でもありました。

　キャッセン大船渡は大船渡港の平場にあり、ＢＲＴ大船渡線の大船渡
駅の近くです。平場ゆえに、被害は大きい状況でした。そして、仮設商
店街としては大船渡屋台村ができ賑わいました。

　これまで見てきたように、平場ゆえに大きかった被害を契機として、
大船渡市は大改造を行いました。路線型のシャッター通りとなった商店
街を、歩行者優先の商業エリアに変えたことは、大震災だったからこそ、
出来たまちづくりです。市のスタッフが言っていたように、シャッター
通りを復旧しないように努め、市の土地にテナントで入っていただくよ

うにしました。このような大転換を行い、キャッセン大船渡はシャッター通りを変えた地区になりました。

　そして南側には、大型店舗のマイヤとホーマックが開店しています。

　南側には、サン・アンドレス公園があります。この名称は、1611年（慶長16年）に大船渡港に入港したスペインの探検隊がルーツと言われていますが、そこの展望台も被災し、2020年8月1日より供用開始となりました。

写真5　2011年4月下旬：ＪＲ大船渡線の被害状況

写真6　2011年4月下旬：サン・アンドレス公園の展望台の被害状況

写真7　2012年4月下旬：大船渡屋台村

写真8　2016年7月：隣接してマイヤ、ホーマック

2. シャッター通りの中心市街地に変わり、新たな中心施設として

岩手県陸前高田市 アバッセたかた

伊東　孝

「アバッセ」とはこの地方の方言で、「一緒に行きましょう」という意味です。

たくさんの人々が互いに誘い合い、訪れ、笑顔の集う場所になって欲しいという思いから命名されたアバッセたかたは、陸前高田市の中心部 BRT の駅の近くにある複合商業施設です。

平成9年6月、高田松原商業開発協働組合が設立し、平成12年12月、国道45号沿いに、約20店舗からなるロードサイド型共同店舗「リアスコースト・ショッピングセンターリブル（以後リブルと呼ぶ）」がオープンしました。シャッター通りからの脱却を目的にしていましたが、中心市街地のシャッター通りは改善されませんでした。

10周年の節目を迎え、2011年3月11日に発生した東日本大震災により、リブルは流失しました。

その後、震災復興として新しいまちの形を模索していく中で、リブルの約半数の方々に周辺の方々を加え、また核店舗となる商業施設を加え、アバッセたかたは、シャッター通りとなっていた中心市街地の、嵩上げした新たな土地の復興の中心施設として、2017年4月27日にオープンしました。

施設概要は以下のとおりです。

＜施設概要＞
・所在地：岩手県陸前高田市高田町館の沖10番地
・規模：鉄骨一部木造平屋建て、延べ面積　約7,900㎡
・店舗数：約20店舗
・施設構成：A棟：高田松原商業開発協働組合（伊東孝理事長）

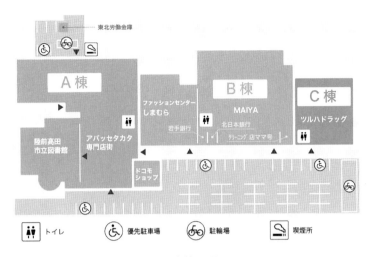

図1　全体配置図

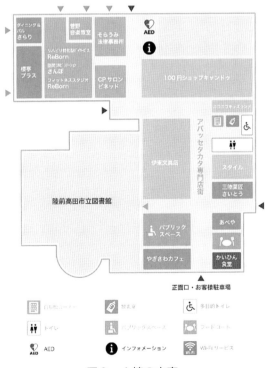

図2　A棟の内容

Ｂ棟：陸前高田再開発 (株)（米谷春夫社長）

　　　Ｃ棟：㈱ツルハ（鶴羽順社長）

・土地：市有地

・オープン：2017 年 4 月 27 日

　建物はＡ、Ｂ、Ｃの３棟からなり、一帯的に整備された複合商業施設
です。

　Ａ棟は専門店街に市立図書館が併設されており、Ｂ棟はスーパーマー
ケット等、Ｃ棟にはドラッグストアが入り、全体的には、書店や飲食店、
衣料品店、銀行、携帯電話ショップなど、日常生活に必要な店が一通り
そろっています。

　その一方で、商業活動ばかりではなく、コミュニティづくりの場にも
なっており、Ａ棟のパブリックスペースでは、コンサートや展覧会、各
種ワークショップというような文化活動やイベントが盛んに行われてい
ます。

　アバッセに併設されている図書館、そして隣接の「まちなか広場」、
交流拠点である「ほんまるの家」など、周辺施設も含めて中心市街地と
して広がりを見せています。

　令和 3 年 11 月 21 日（日）、
株式会社山十・伊東文具店の
代表取締役であり、陸前高田
商工会の会長でもあるアバッ
セたかたの代表理事の伊東孝
さんにヒアリングをしました。

写真 1　ヒアリングの様子
右側が伊東孝氏

震災からの再開

　株式会社山十・伊東文具店は、陸前高田市において、文房具、書籍業

を営んでいる市内唯一の文具店、本屋として地域の方々に支えられ、お陰様で 2021 年年 3 月に創業 60 年を迎えました。10 年前の震災のあった 3 月はちょうど 50 周年という節目の年でもありました。店舗は、中心市街地に文具の専門店と郊外にあるショッピングセンターに文具、書籍、CD を取り扱う複合店の 2 か所での店舗展開と、市内の学校や官公庁、一般企業などを回り営業する外販部門もあり、役員、社員 16 名で運営しておりました。

　東日本大震災では、大津波によりすべて流出、当時社長を務めていた私の弟、店長を務めていた弟の妻、営業部門担当の弟の長男と女性社員 1 名が犠牲となり尊い命を奪われてしまいました。

　震災から数週間は、遺体安置所を回り亡くなった親族、社員を探す日々が続き、会社の再建等を考える余裕などありませんでした。取引先問屋の社長さんからは、できるだけ早い再開をと何度も足を運んでいただきましたが、こんな状況の中ではと決断を先延ばししておりました。そんな中亡くなった 4 人のご遺体も見つかり、何とか火葬も執り行うことができ自分の中では、一区切りをつけることができました。

　火葬も陸前高田ではできなかったので、一関市の火葬場で行い、その帰りに生活必需品を購入するため、ショッピングセンターに寄り文具売り場で買い物をしましたが、その時に文具屋の自分が、どうして他の文具屋で買い物をしなければならないのか、情けない気持ちになりました。と同時に高田の人たちも買い物できる場所がなく困っているのではないか、間もなく新学期が始まるというのに子供たちはどこで新学期用品を備えるのだろうか、教科書取扱店も担っている当店が営業しなければ誰が教科書を届けるのだろうかと次から次と心配事が頭を駆け巡り、帰宅してすぐに先ほどの問屋の社長さんに連絡、「営業を再開したいので何とか協力を」と願い出て、その協力のもと震災から 1 か月後の 2011 年 4 月 15 日に再開を果たすことができました。

土地を探し、3坪のコンテナを3棟つなげ、とりあえず文具、生活必需品中心の構成で、従業員も4人でのスタートとなりました。残りの従業員はいったん解雇し、当面失業保険で生活をしてもらうこととし、必ず本屋も再開するのでその時は復帰してもらうことを約束、つらい決断の中皆さんに納得していただきました。いざ再開は決意したものの震災からまだ1か月しか経ていない中、果たして皆さん買い物に来るのだろうか？ほとんどの人たちが避難所生活の中買い物する気持ちになるだろうか？と不安ばかりかかえオープンしました。

　ところが、オープン初日から狭い店舗に大勢のお客さんが来店、「待ってたよ」、「よく再開してくれた」、「買い物できず困っていた」等々。皆さん笑顔、笑顔。そして久しぶりの再会に涙、涙で抱き合いお互いの安否を確認。「これが欲しかった」、「これがなくて困ってた」と買い物をされ、再開したことに感謝の言葉までいただきました。

　「あ～再開して良かった」、伊東文具店もこんなに皆さんに必要とされていたんだと改めて商売の原点を思い起こし、皆さんに感謝、感謝の気持ちで一杯でした。オープン当初は、さまざまな手続きに必要な印鑑や、支援をいただいた方々への御礼の手紙関連用品、そして震災関連の写真集が多く売れていました。

2度にわたる店舗の移設・拡張

　震災から、日にちが経過するに伴い住民皆さんの生活もいくらか落ち着きを取り戻し、買い物にも変化が見られ「こんな本を読みたい」、「本屋はいつ再開するの」といった声が多く寄せられるようになり、2011年12月に別の場所に土地を借り、コンテナ棟を増設し本と文具の複合店と事務所をオープン、いったん解雇した従業員にも復帰していただき、震災前の形態に近い形での再開となりました。

　やはり、本屋の再開を待ち望んでいた住民の方々が多く来店され、自

分のお気に入りの本や雑誌を手にされ嬉しそうに買い物している様子が
印象的でした。その後さらに広い土地を借地し、3 店舗が集積して国の
制度を活用して無償で仮設店舗を建設していただき 2012 年 10 月 3 度
目の移設オープン。本設店舗がオープン（後述）する 2017 年 3 月まで
その地で営業を続けました。

複合商業施設の建設と新たな街づくり

　震災から、我が社の復興と同時進行で商工会を中心とした新たなまち
づくりに向けた動きもスタートしました。何もなくなった広大な敷地を
10 ～ 12m 嵩上げし、その上に新たな中心市街地を形成していくとい
う過去に例を見ない壮大な計画。いわば、もともとあった中心市街地の
上に土を盛り、生業の再生、市民生活の再生を果たしていこうとする計
画です。復興ビジョン検討委員会を立ち上げ、その代表として商工業者、
行政と一致協力のもと、推進しております。

　本設再開する商工業者はできるだけ集積し、その中心に集客力のある
核店舗を配置、市民生活に重要な役割を果たす公共施設をその周りに建
設して行くというコンパクトなまちづくり、さらにそれぞれの個店も身
の丈に合ったコンパクトな店づくり、そして震災を経験したからこその
安全で安心なインフラ整備
等々、小さくても活気があ
り、そこで暮らす人たちが生
き生きと生活できるような
持続可能な街づくりを目指
しています。

　その中心市街地の核店舗
として、嵩上げした何もない
ところに大型商業複合施設

写真 2　アバッセたかたの外観

アバッセたかたが 2017 年 4 月オープン、いよいよ新たな街づくりがスタートしました。伊東文具店もその中に 80 坪の本・文具・CD の複合店を開店、3 度にわたる移転の末 6 年目にしてようやく新店舗を再開することができました。

「アバッセ」とはこの地方の方言で「みんなで一緒に行きましょう」という意味が込められていて、伊東文具店が入っている専門店街、地元スーパー、大型衣料、ドラッグストア、などの商業棟と陸前高田市立図書館が一体となった、複合施設で、まさに市民の憩いの場、コミュニテーの場として市民生活に欠かせない施設となっております。

さらにアバッセオープンから 4 年、アバッセの周りには 100 近い事業者の方々が本設での再開を果たし、賑わいと活気のある街が出来上がりつつあります。さらにその周りには、市民文化会館、市役所新庁舎、陸前高田駅、市立博物館（建設中）、野球場や、サッカー場を整備した運動公園などが配置され、計画に沿ったコンパクトな中心市街地が出来上がってきております。

ここ 1 ～ 2 年は、新型コロナウイルスの影響で、全国同様高田の街も停滞気味ですが、新しくできた津波復興伝承館や、道の駅、一本松に多くの観光客が訪れ、中心市街地共々、陸前高田全体が活気のある、うらやましがられる街づくりを目指していきたいと思っております。

10 年経過して

三舩：昨年書かれた文章を読ませていただいて、大変だったと思いました。ここからはインタビューでお願いします。最初に最近の状況についてお伺いしたいと思います。お客様はどうでしょうか。

伊東：年配の方々は団地に入るとなかなか歩いてくるのが億劫になったり、車の運転もできないので、来たいけれどもどうしても来られないということも多いと思います。だから、どのようにして皆さんが来られる

ようになるのか、足の確保って言うんでしょうかね、まだまだ課題ですね。

　スーパーのマイアさんが、お買い物バスを出していまして、一週間のうち、何曜日はどっち方面って、例えば米崎方面だとか、火曜日は矢作方面だとか、市内のそれぞれにお買い物バスを出している、そういう来られない方々が乗って買い物に来るというバスがもっとあればいいんでしょうけど、運営していくのには厳しいものがあるんでしょうね。

　今、いろんな地区で乗りあって、試しにやっているところもありますけど。中心市街地ができ、食事ができて買い物もできて、出てくればそれなりに楽しいことがあると言いながら、なかなか出てこないっていう、そういったところはありますよね。

三舩：そうですか。高齢化も一つの原因ですね。一方で復興状況に目を向けると、震災後10年経過して、高田の復興は期待通りには動いてないという声もあると思うんですけど、どういうところに問題点があるのかなと。

伊東：人口が少なくなっているのがありますね。これは震災ではなくてもどんどん人口が少なくなっている状況はあったのですが、そこで震災が発生し、亡くなった方、外に出た方がいて、どうしても人口が少なくなってきました。私たち商売やっている人間にとっても、きつい大変な部分ですよね。なかなか簡単にはいかないところです。

三舩：高台移転が大掛かりに行われて、なかなかこっちの方に人が戻ってこないんじゃないかという話もありますね。

伊東：どうしても住まいの確保が優先ということで、こちらの嵩上げの整備をする前にそちらがスタートしましたから、やっぱり皆さん、私もそうですけど早く家を建てたい、再建したいというので、皆さんそっちの方が先になりますよね。ここが危険だとか、そういうのともまた違って、準備できたところから早くやりたいという、心情的なものがあると

写真3　書店

思うんですよね。

三舩：待ちきれないという。だから結果的に外に出ちゃうというか。

伊東：私のおふくろもいますけど、80、90歳のおふくろ、やっぱり早くという想いがあります。待ちきれないっていう思いが。私も高台に家を構えて、4～5年なりますけど、ここで生活している。この中心市街地の中だと店舗兼住宅は、5、6軒くらいで。住まいを構える人はちょっと住めないよね。息子は東京にいて、帰ってきてほしいんだけど、もう長男は東京に家を買ってるからね。

三舩：東京にいると共同住宅に住むのは当たり前というのがありますね。しかし、今日もいろいろ聞いてみると、戸建て住宅に住んでいた東北の地方の人が初めての高い所の共同住宅に入って行った、あのギャップと言うんですかね。

伊東：大体、皆さん、持ち家だったでしょうからね。それがマンションみたいな住宅に入ると。

三舩：そして、これからどうやって復興していくかということですね。10年間はこうやってきましたけど。スポーツなどは、私が関わっていた大船渡市の甫嶺ではBMX（バイシクルモトクロス）をやっていますね。

伊東：今、野球施設ができたり、サッカーの施設ができたりで、……県内、県外の高校生だとか、スポーツの合宿に来たりというのがありますので。スポーツの盛んな街というような、そういう風なイメージづくりもあるのかなと思いますけどもね。

　商店街はね。いかにここに人を集めるかということですね。花火なん

かはすごいと思いました。会場の中に入ったのは 12,000 人と聞いています。

　野球場とか体育館とかね、歴史もあるし、点が線となり、面となるように、寄せる要素はある。そこをどうやるかというのは課題ですね。

マチナカ会

伊東：そしてもうひとつ。空き地を使って、全部じゃないですが、空き地を借りてコスモス植える。使ってない所にね、山に土地があって下にも土地がある人なんか、何もしないけど草刈りもしない、そういったところを借りて街をきれいにする。簡単であまり手入れをしなくてもいい花を植えて、例えばコスモスの花、今2か所植えている。マチナカ会というグループがあります。

　そういうところに見どころがあれば、うちさもやってけんねべかとか、空き地の持ち主がうちさもとか、出てくる可能性がありますからね。できる部分で実際そうやって見せて、草刈り代にしてもコスモスにしても費用がかかると理解してもらう。そういったことを今やっています。

　そこに今度、逃げ場所として階段をつくりました。早く逃げる場所の階段ですよね。将来は公園にしていつも遊べる、そこにみんな逃げるようになればいいけど。今は逃げ場所に東屋とトイレもあります。

三舩：それは今の話ですね、それはよかったですね。

伊東：今はとにかくいろんなことを考えています。このあいだもマチナカ会の会議やったんですけど、これから

写真4　フードコート

高田の街、中心市街地はどうあるべきか、どういったものをこれからやっていけばいいかとか、皆さんから出してもらって方向性を出していこうということをやっていました。すぐそれがどうなるという話じゃないですが、徐々につなげていくと言うんでしょうか、そういう努力でしょうか。

三舩：それは、お客さんがけっこう来ているということですか。

伊東：来ていると言うよりも、高田の場合はどちらかというと家族経営が多いですよ。土地も自分の土地を換地して店にしている。テナントじゃないのでテナント料が発生しない、それから支援金等々で何とかしてしのいでいるというのが多いのかなと。今は、コロナもあって、都会は高いテナント料払ってお客さんが来なくてという状況でしょうけど。そういうのが少ないから、継続してまだできていると思います。徐々にお客さんが戻ってきているので、大変は大変ですけどね。

三舩：いろいろお伺い出来ました。ところで、先日、ロッテの佐々木朗希投手が完全試合を達成したという明るいニュースがありましたね。後援会の会長も担われているとお伺いしましたが。

伊東：そうです。東京の会員でも良いので応援をお願いします。

三舩：わかりました。今日はありがとうございました。

ヒアリングを終えて

　東日本大震災以前は、シャッター通りとなっており、地元の経済は沈下していました。

　しかし、東日本大震災により、全てが流されたことを契機に、シャッター通りではない、新しいまちづくりが検討されました。中心部に大型店を含めて商業機能を集約することなど検討を重ね、アバッセたかたが出来ました。

　当初は少なかった商業施設も、アバッセたかた周辺に商店が徐々に増

えてきており、アバッセたかた周辺が全体的に広い商業地域となってきています。そして、BRT 陸前高田駅周辺にも新たな施設が少しずつ増えています。

　東日本大震災で市民会館及び中央公民館は全壊となる甚大な被害を受けました。そのため、国の災害復旧事業等により、市民会館機能と中央公民館機能を併設した陸前高田市民文化会館「奇跡の1本松ホール」が開館しました。そして陸前高田市立博物館が、2022 年 11 月 3 日に開館しました。アバッセたかた周辺は、商業ゾーンばかりではなく、文化ゾーンとしても中心になりつつあります。

　かつてはシャッター通りであった陸前高田市の中心市街地は、アバッセたかたを中心に新しいまちとして復興しつつあります。

写真5　周辺に出来た商店

写真6　陸前高田市民文化会館
　　　　「奇跡の1本松ホール」

写真7　陸前高田市立博物館

写真8　ＢＲＴ陸前高田駅

3. 復興公営住宅との住商複合施設として

宮城県気仙沼市　南町紫神社前商店街
坂本正人

　気仙沼港の中心にエースポートがありますが、そこの商店街から内陸に向けてまっすぐ進むと、そこには気仙沼復興商店街であり南町紫神社前商店街があります。震災以前はシャッター通りとなっていた商店街ですが、震災を契機に復興公営住宅も加えた住商複合施設をつくり、エースポートから続く新たな賑わいの通りを創造しました。

　商店街は震災の仮設商店街から一歩踏み出し、2017年11月11日、南町紫神社前商店街と魚町内湾商店会がグランドオープンしました。

　一階部分は中心に広場を配置し、店舗が取り囲んでいます。そして、港側に2階建ての商業施設を配置し、山側に5階建ての復興公営住宅が配置されており、住宅はその中の2階から5階に入っています。

＜施設概要＞
・名称：南町紫神社前商店街
・所在地：宮城県気仙沼市南町2—4—10
・構造：鉄筋コンクリート造5階建て
・構成：店舗数　24店舗、
　　　　復興公営住宅24戸（2～5階）
・土地：市有地と民有地
・オープン：仮設：2011年12月24日
　　　　　　本設：2017年11月11日

　令和3年12月28日（火）、自らもコロッケ店を経営し、商店街の復興に尽力した気仙沼復興商店街と南町紫神社前商店街の事務局長でもあり、紫神社総代でもある坂本正人さんにお伺いしました。

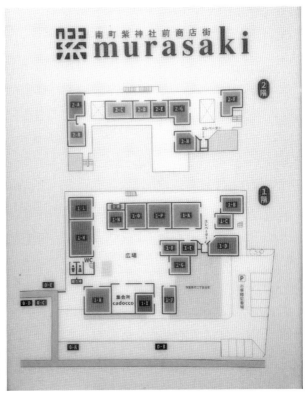

図1　配置図
　　1階の中央に広場を
　　配置。集会所も設置

震災後の状況：
露店から始まった

三舩：今日は忙しい中、お時間
をとっていただきありがとう
ございました。それでは気仙沼
の商店街の復興状況のお話を
お伺いしたいと思います。気仙

写真1　ヒアリングの様子
左側が坂本正人氏

沼の商店街は徐々に出来て行ったんですよね。

坂本：商店街が震災と津波でダメになって、1階は全て瓦礫で埋まって

しまって、商店街が壊滅した状態になりました。その中で高台にあった紫神社の避難所で、もう一回ここで商売できないかって話し合いました。そこにいたのは140人くらいですかね、皆さんに呼びかけました。

　そして、行政に話しかけましたが、行政はまだそこまで手が回らないという返事で、それでは、自分たちでやろうと、露店で商売できないかと話し合いました。

三舩：アー、露店で、ですね。

坂本：コロッケ屋の車が生きていたのと、東京から下着を送ってくれるというので、下着屋とコロッケ屋さんの露店で、青空市ということで商売を始めました。止む無く露店で始めたのですが、その露店の商売が売れるという状況を見て、だんだんと、仲間たちが自分たちもやりたいと言い出して増えていきました。

三舩：そうですか。

坂本：それでだんだん話が大きくなって、12～3店舗になったんです。

　そのうちに建物が欲しいとなって、中小基盤機構というところの仮設制度というのを見つけて一応エントリーしました。そして市役所に行ったら、中小基盤機構の建物というのは、市の土地に建てて、中小基盤機構というつまり国が建てて被災者に貸し出すという内容でした。しかし、市からは、今は仮設住宅をいっぱい建てる時期なので、土地を貸せる状態ではないと言われました。

　そこで、自分たちで土地を見つけようと切り替えて、そして南町の一角にこういう広い土地を見つけて、こういうプレハブを建てて商売したいとみんなで話しました。結果的にそれが実現することになりました。そして、震災の年の12月24日にオープンとなりました。

三舩：震災のその年にオープンとなったんですか。すごいですね。

坂本：そして、CGで作成した図を持って、こういうものをやりたいと説明しました。それが明けてみれば、12月24日に被災地最大の53の仮

設店舗でオープンすることが
できました。

三舩：それでお客さんが大勢
きたんですね。

坂本：仮設をつくった当初は、
瓦礫の中での商売なのでお
客さんがくるかどうかわか
らないと思っていました。と
ころが、大勢の人が毎日くる

写真 2　南町紫神社前商店街の外観

ようになって、中には日曜日は休むという店も出てきましたが、それは
止めようとなりまして、毎日やるようになって、6 年間やってきました。

三舩：予想外に盛況だったということですね。

坂本：この制度は、5 年間の実施状況を見て延長を検討するという制度
でした。そして、5 年で次のステップに移らなければならないというこ
とで、2 年目から商店街の別のステップを考え、皆でスケジュールを組
み始めていました。

三舩：早いですね。

坂本：その中で、震災から 6 年間は仮設でやって、それから後はここま
で来て、4 年前ですか。

三舩：4 年前というと 2017 年ですか。

坂本：はい。今年の 11 月で 4 周年です。そして、エースポートからこ
こまでの通りの施設が出来たのが 2 年前ですね。そして、それが出来た
らコロナが来た。

三舩：アー、そうですね。

坂本：今では、行政の助けもあり落ち着いては来たんですが、この 2 年
間は厳しい状況でした。なかなかうまく行きませんでした。被災事業者
でもその中で亡くなった方や、店舗を閉めた方もいました。

シャッター通りが改善、復興住宅を含めた複合施設として

三舩：４年前に、このコンクリートの店舗が出来たんですよね。

坂本：はい、そうです。これを創る時に、被災者のための住宅もつくることになりました。当初の計画から、人の住むところも一緒につくらないと成り立っていかないということで、被災者のための公営住宅を24戸つくりました。前は商店街で後ろには復興公営住宅というように一緒につくりました。今のところの状況は、出たり入ったりがあります。

三舩：だいたい家族用ですね。

　被災者用の復興住宅については後で聞きたいのですが、仮設店舗でやっていた時には、結構人が来ていたんですよね。大勢の方々が、こういうところを求めていたんですよね。

坂本：地元の人も来てくれたんですけど、外からも多くの方々が来ていました。バスで被災地を見学に来るとか。それからだんだん地元の人も来るようになりました。そもそもこの周辺は、写真にあるように、シャッター通りだったんです。土曜日になると、土日は店を閉めるのでつまり店が開いていないので人は来ない。悪循環だったんですね。今は土日のほうが客が多くなった。

三舩：それは良くなったということですか。

写真3　2階店舗

坂本：良くはなっているんですけど、その反面地元の人が少なくなってきています。そこは厳しい状況になっています。

三舩：復興状況を見に外から来る、例えば東京から復興を楽しみにしている人もいると思いますが……。

坂本：復興を気にしている方々もいます。被災地としては恵まれた被災地と思っています。

三舩：私は気仙沼は成功したと思っていました。しかし、そういう目で見ると、以前はシャッター通りだったけれど今は良くなった。しかしその内容は外からのお客さんが多い、ということですか。

坂本：そこは市長も考え方を変えて、外貨を稼ぐ町にするというんですけど、ただここに入っている方々は必ずしもそのようには考えていなくて、以前のように地元の人を大切に地元優先、もちろん観光客には多く来て欲しいですけれど。地元の人には以前のように多く来て欲しいと思っている人は多いですね。夜の店が多く、なおさらそういうのが強いですね、コロナの前は結構忙しかったですが、この頃また少し戻ってきました。

10 年は長い

三舩：やはり、コロナですか。

坂本：結構厳しいですね、やっぱりダメージが……。

　仮設にいて 5 年ぐらい前までは、皆戻ってくると言われていたんですが、復興が 10 年ぐらいになると時間がかかって、以前こちらに家を建てると言っていた方々もいたのですが、皆さん家を建てて、戻って来なくなった人もいました。また、斎藤菓子屋さんの斎藤会長さんがいたんですが、亡くなって。そういうこともあります。

三舩：10 年間は長くて待ちきれないということですか。

坂本：そうでしょうね、そう思いますね。

　以前は近くに駐車場がありました。大島汽船というのがあって船が出ていて、皆さん船を降りて車を借りて通勤に使っていたんですが、復興のために橋が出来て、そういうのが全く無くなった。通勤用に船は不要になり駐車場もなくなった。それで、客の流れが変わった。そういうの

がこれからの課題ですね。

三舩：要は復興計画によって、ライフスタイルが変わったということですね。

坂本：大島の方々にとっては、橋が出来て、車で近くになったというのは有難いですが、ただ大島のお客さんが無くなったので、店を閉めた方もいます。やはり一長一短ですね。

三舩：商店街にはそういう悩みがある、そういうことですね。

コミュニティづくりには抽選が問題、地域的なまとまりを考慮

坂本：やはりここに住んでいないというのは悩みですね。

三舩：基本的に海の近くには住まないようにしていますね、高いところは住めると思いますが。

坂本：基本はそうだと思いますが、ただ昔は、漁師さんが生活していた場所なので、飲み屋さんが多く栄えていた。夜の街のイメージがありました。

三舩:飲み屋さんが多く、そういうコミュニティというか人間関係があったということですね。

坂本：そうです、夜の街が多いという、そういうところが変わってきた。

三舩：そういうことを聞くと、地元の人が復興住宅に住んだ方がより良かったということですか。

坂本：そうですね、それが抽選なんですよね。入った人は１人だけいるんですよね。

　本来なら、ここにはこの地区の店舗をしている方々を入居させたかったんですけど、市のほうでは、あくまで抽選でということでした。だからここに住みながらここで商売をしたかった方もいたんですけど、それは断念して、別のところから通ってきて店をやっている人もいます。

三舩：ちょっと残念だったですね。

坂本：だから、市はなんで抽選にしたのかと、心残りがある。

三舩：抽選というのは分かりますが、地元の人を優先にするとか、そういうことはどうですか。

坂本：阪神・淡路大震災の神戸の時も問題になったそうですよね。地域コミュニティを大切にしたいというのがありますが、公平性ということで抽選をするのですが、抽選によってバラバラになるんですね。避難所に 140 人ぐらいいたんですが、それが抽選でバラバラになった、地区ごとにまとめてというなら良かったのですが。

三舩：神戸で問題になったことがここでも再現されたということですね、これが今回の一番問題になったことですか。平等とか公平とかを考えるから行政としては抽選となるわけですね。そういうところに地区的なまとまりを考えた計画にして欲しいということですね。そうするとコミュニティは復活するというか維持できるというわけですよね。

坂本：そうですよね。

三舩：復興住宅の郵便受けを見ました。大きなところでは名前を出さないところがほとんどです。こちらは 24 世帯分でそれほど多くはないですが、名前は出ていませんね。

坂本：ここでも出していません。ここでは移住者用住宅が 2 戸分あるんです。期間は 1 年間ですが、そういうこともやらなければなりません。

三舩：移住者用として 2 戸分を 1 年間ですか。それは気仙沼市内の方で良いんですか。

坂本：いいえ県外から募集します。移住者募集と広告します。

三舩：そうですか。県外からですか。これは難しいですね。

坂本：気仙沼の人口は毎年 1,000 人程度減っています。10 年目で 1 万人減っています。これは厳しいですね。

三舩：そうだったんですか。他の都市や町の復興状況を毎年見ていますが、気仙沼は、良く復興できていると思って見てきました。特にこの中

写真4　広場でのイベント
（南町紫神社前商店街 HP より）

心商店街は徐々に復興出来て
いると思います。ちょうど良
いくらいの規模になってきた
と思います。

坂本：形のうえでは、徐々に
出来て良いように見えます
が、入居者にとって家賃が高
いのが大変です。建物を自分
達で建てたのですが、仮設の
時は7千円から1万円くらい
でしたが、その時に比べると10倍です。それを維持するのが大変とい
うことです。街並み的には良いのですが、やはり建物が大きくなると大
変で、支払いに苦慮している方はいます。

住商複合施設はコミュニティ形成に有効

三舩：住民が個人情報保護ということで、郵便受けに名前を出していな
いのですが、住んでいる人が名前を出さないとなるとだんだんとそのよ
うになってしまう。特に行政の公営住宅ではそのようになってしまう。
ただ、戸建てのところでは表札を出している。

坂本：ただ、ここに入っている方々は仲良くしています。

三舩：隣は何人家族かというのがわかるんですか。

坂本：大丈夫です。ただ移住者はわかりません。家族連れの人はわかり
ます。

三舩：それは規模が小さいということと、お店があるからじゃないです
か。普段から出会いが多いというか。

坂本：そうですね。そういった点では良いですね。

三舩：通常の共同住宅は、隣が何人家族なのかわからないというのが当

たり前ですね。

　通常、復興公営住宅では、市から会長さんに1世帯につき1人だけ名前の入った名簿が渡されます。家族の人数はわかりませんし、会長以外の人が、住民の名前も知る由が無いのが普通です。

坂本：ここでもそうです。私がそういう名簿を持っています。しかし、規模が適当なのと、店をやっているので、日常的な出会いでどういう家族構成かというのは分かります。皆さんわかっていると思います。

三舩：そうですか。それは良かったですね。あまりこういうところはないのではないですか。

坂本：このような住宅と商業施設による複合施設はないです。共同住宅に2店舗入っているのは他に2か所あります。

三舩：2店舗だけでも違いますね。ここは商業施設と住宅の複合施設という点と規模が適当だったというのが良かったのではないかと思います。コミュニティを考えるうえではモデルケースになりますね。最後になりますが、エースポートからここまでの通りの両側の商店も良いですね。

坂本：エースポートからここまでに続く商店街は守っていきたいと思います。

三舩：長時間有難うございました。

ヒアリングを終えて

　気仙沼港の中心は、観光船の発着場もあるエース・ポートです。港はエース・ポートが入江の奥になっており、南側の高台にある気仙沼プラザホテルから見ると、港全体が良く見えます。

　南町海岸には、フェリーターミナルの目の前に建設されているユニークなデザインの屋根を持つ「迎（ムカエル）」と「まち・ひと・しごと交流プラザ」が復興した新たな気仙沼の象徴です。ムカエルは海からの客を迎えているようです。

そこから西に向かう通り沿いの商店街「結（ユワエル）」と「ハウス拓（ヒラケル）」の間を歩くと、南町紫神社前商店街に着く。南町海岸から南町紫神社前商店街までが、気仙沼の1つの軸です。

　商業施設で構成される港湾部に、居住施設として市営住宅との複合施設として開発したことには商店街の形成に大きな意味があります。

　また港の北側に昭和期らしい建物があります。気仙沼の酒蔵の一つで、登録有形文化財の男山本店店舗です。1931年頃の建設の、木筋コンクリート造3階建てです。市内の魚町にあって昭和初期の景観を伝えている建物で、東日本大震災で被災し、文化庁の補助事業で修理しています。

写真5　まち・ひと・しごと交流プラザ

写真6　雪景色の迎（ムカエル）

写真7　結（ユワエル）

写真8　登録有形文化財男山本店店舗

4．復興祈念館等と一帯の地区を形成

宮城県南三陸町　南三陸さんさん商店街

佐藤潤也

　南三陸さんさん商店街は、木造平屋の建物で知られる商店街です。以前の商店街は衰退した通りで寂しい商店街でした。しかし、震災を契機に大きく造り直し、「さんさんと輝く太陽のように、笑顔とパワーに満ちた南三陸の商店街にしたい」というコンセプトのもと、賑わいのある商店街に生まれ変わりました。

　東日本大震災で南三陸町の被害は大きく、町の中心部は津波によりほとんど流されました。

　最後まで避難を呼びかけた女性職員が殉職した防災対策庁舎のように、鉄骨造の建物は外壁が剥がされて鉄骨のみが残され、残された建物は鉄筋コンクリート造の建物のみでした。

　当時の衰退傾向にあった商店街も流され、被災後、2011年4月29、30日には志津川中学校でテントを使った第1回復興市が開催され、2012年2月25日には、仮設商店街の「さんさん商店街」がオープンしました。そして、その後5年程経過し、かつての町の中心地に8.3m程度嵩上げした造成地である、国道45号と国道389号が交差する志津川地区に、2017年3月3日本設商店街がオープンしました。

＜施設概要＞
・名称：南三陸さんさん商店街（南三陸志津川さんさん商店会）
・所在地：宮城県本吉郡南三陸町志津川字五日町51（201番地5）
・構造・規模：木造平屋建て：6棟
・店舗数：28店舗
・オープン：仮設：2012年2月25日
　　　　　　本設：2017年3月3日

・運営主体：南三陸志津川さんさん商店会

・土地：町有地

　施設は、木造平屋建ての建物6棟に分かれて計画されています。八幡川にかかる中橋を渡ると、防災対策庁舎のある復興祈念公園です。

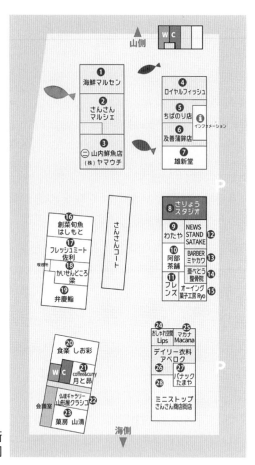

図1
南三陸さんさん商店街
配置図

　令和3年12月29日（月）、さんさん商店街事務局の佐藤潤也さんにお伺いしました。

以前は閉店した店舗が多く、仮設商店街は翌年

三舩：お忙しい中ありがとうございます。よろしくお願いいたします。

この辺は昔には、通り沿いの商
店街があったそうですね。

佐藤：商店街がありました。た
だ、現在入居している商店全部
がこの通りにあったわけでは
ないです。主要なところが何店
かということですね。

三舩：仮設店舗が出来た時は、
他の方々も何店か集まったと
いうことですか。

写真1　ヒアリングの様子
左側が佐藤潤也氏

佐藤：2012年の2月25日に仮設商店街というのが、志津川中学校の
近くに出来、2016年の12月31日まで仮設商店街として営業してい
ました。その後2017年3月3日、今のこの地に本設移転してきました。
仮設の時はプレハブでしたが、ここへ新しく現在のように木造でつくっ
て移転してきました。

三舩：ここは、2017年に出来たということで、木造ということで、建
築的にも話題になったようですね。

佐藤：そうですね、国立競技場設計の隈研吾さんの設計ですね。

三舩：話題になってお客さんも増えたんですか。

佐藤：そうですね、初年度は非常に多く、また最近ではコロナ禍で落ち
込んだ時期もありますけど、それなりにお客さんにはきていただいてい
ます。

三舩：お客さんは地域の方々と外来の割合はどの程度ですか。

佐藤：初めのころは7対3で外からの方々が7割程度かな、そして現在
は8対2で外部からの観光客が多いです。アンケートなどをとってもそ

んな感じです。

三舩：ここはいろいろな施設が集まっていますね、例えば祈念公園が近くに出来たように。

佐藤：そうですね、近くの祈念公園は昨年の10月に開園しました。

三舩：そういうように、時々新しい施設が出来ていくというのは、観光客にとってもいいですね。来るたびに新しい施設が増えてきているのを見ることができます。計画が良かったのではないかと思います。だんだんと増えていくというのが良いですね。

　つかぬ話ということで聞きたいんですが、あの話題になった「防災対策庁舎」、祈念公園にありますが、あれは保存が決定したんですか。

佐藤：いえ、あれはまだ保存は決定していません。20年間は県が保有するということになっています。町としては議会で解体という方針を示したんですけど、県の方針としても結論を急ぐ必要はないのではないかということで、県保有として、その間にしっかり議論するということになっています。

三舩：20年というのは震災の時から、ということですか。

佐藤：そうです。震災から20年ですね。

三舩：そうすると、あと約10年ですか。

佐藤：そういうことです。

三舩：ここへ来る前に民宿に泊まって聞いたんですけど、ここは以前はシャッター通りだったそうですね。

佐藤：シャッター通りというか、震災前は閉まっている店舗が多かったですね。

震災を契機につくり直し

三舩：今は、ここは南三陸町の中心商店街となっていますよね。以前はどうだったんですか。

町の中心部は違っていたと思いますが。

佐藤：昔は点々としていて、今のように集まっている状況ではなかったですね。

三舩：そうすると、震災を契機として、このように集約化されて、結局、町にとっては良かったということですかね。

佐藤：そうですね、個人的には何ともいえませんが、そういうことは町に聞いていただくと有難いですね。

三舩：震災を契機に、いろんなものというか施設を集めて拠点をつくったというか、震災を契機に以前の状況をつくり直しました。東日本大震災が無ければ造り替えが出来なかったのではないかと思います。確かに海の近くの物が無くなったという状況はありますが。それ以外のことを考えると、非常にうまくできたと、私はそのように思いました。

佐藤：そうですかね。

三舩：そして、今日は、ご紹介いただいた、朝市を見てきて、賑わいにはすごいと思いました。住民パワーを感じてきました。ああいうのがあって、こういのがあるんだと思いました。

　それで、ここへ商店街をつくろうと、こういう復興計画にしようという時は、住民の方々はもろ手をあげて賛成だったんですか。反対が無かったというか。

佐藤：その当時は私はまだいなかったので、こたえられないんですけど。

三舩：ああ、それではこれはそういうことにして、次に行きます。このエリアでイベントはやっているんですか。

佐藤：年に何回かイベントはやっています。今はコロナであまりやっていませんが。通常ですと、9月、10月、11月に大食い大会などをやっています。最近では、コロナ禍ということもあり、あまり密にならないようにしています。そして、年が明けますと3月3日にイベントがあります。来年は、節目の5周年ですので、コロナがありますけど、5周年

写真2　商店街の状況①

の催しものを行います。

三舩：黙っていても市の方々は来るのでしようが、お客様を呼ぶ努力はどうですか

佐藤：そうですね、来ていただかないと、成り立たないので努力はしています。

三舩：ここに集まっている店舗についてですが、貸しているんですよね。もともとこの周辺に店舗を持った方々ばかりではないんですよね。

佐藤：そうですね、新規出店という方もいますね。ただ、だいたいが元々この周辺に店を構えていたという方が多いと思います。

三舩：あとは住宅があったということですよね。

佐藤：そうです。店舗と点在して住宅があった。ここは危険区域に指定されているので、店舗とともに住宅があったんですが、職住分離ということで、住まいは高台ということ、生業は低地部ということです。ここも10m程度の嵩上げがされているんですが、現在は津波の浸水区域で避難はしなければならないです。住宅の新築は禁止されています。

住民のための店舗も

三舩：グループで、東日本大震災の被災地の復興状況の視察ということで、毎年1回は来ていますが、いつも賑わっているなという印象です。

佐藤：そうですね、いつもは、土日や祝日を中心ににぎわっているのかな。今日は平日ですけど、御用納めをしましたし、通常平日は土日よりは少ないですね。コロナになった時は一時だいぶ落ち込んだ時もあったけど、今は修学旅行生も来ていますし、落ち着いてきたようです。

三舩：いつきても、ずいぶん集まっている、成功しているなと思っています。

佐藤：来ていただけるというのはありがたいです。名物として「きらきら丼」というのがあるのも強みかなと思いますが、その他にも魅力的な店舗もありますし、観光客ばかりではなく、町民向けの生活用品を売る店舗や整骨院や理髪店や美容店もあります。

三舩：ああ、そういうのは住民にとって有難いですね。行ったついでにいろいろできますし。

佐藤：化粧品店や呉服店、仏具店、葬祭関係もありますし、そしてお菓子、飲食店、魚屋さん、クリーニング、写真店、文房具屋などが揃っています。

三舩：それは地元の人に便利ですね。

佐藤：近くにスーパーがあるので、競合しないように。

三舩：コンビニも近くにありますね。

佐藤：中にもミニストップがあります。

三舩：東京ですとコンビニというと近いところにありますが、こちらでは車で来るんですか。

佐藤：そうですね。車ですね。

まだまだ続く復興

三舩：近くに工事中の建物もありますね。

佐藤：伝承館ですね。道の駅も入りますが、さんさん商店街は道の駅の一部なんです。

三舩：そうですか。道の駅は、今回の震災復興では、成功していますね。

佐藤：そうですね、さんさん商店街は道の駅の先行オープンということですね。結構、道の駅は多くあちこちにありますね。北海道のロイズも入っているところがあります。

三舩：道の駅のイメージが変わりますね。

佐藤：来年の遅くとも 10 月末にはできる予定です。

三舩：祈念公園もできて、橋もありますね。

佐藤：昨年 10 月に完成ですね。中橋と呼びますが、中橋を渡って祈念公園に行く。隈さんの設計です。そして来年 10 月には伝承館オープンですね。これも隈さんの設計です。完成図があります。ＢＲＴの駅舎もできます。

三舩：ＢＲＴの駅が移転するのですか。

佐藤：そうです。今の駅は仮設です。さんさん商店街、復興祈念公園と中橋そして次は伝承館と出来てきますね。私達としては、伝承館が出来てどうなるかと思っています。

　祈念公園としては陸前高田と石巻にも国営の大きな施設がありますね。

三舩：こちらの祈念公園は小粒ですね。

佐藤：国営の大きなものは広くて回るのに相当歩きますが、こちらは歩きやすいです。

三舩：徐々にいろいろな施設が増えて、話題にこと欠かないですね。それほど大きい施設では無いのですが、そういう中小規模の施設が集約され徐々に増えて。観光客には魅力的ではないかと思います。

佐藤：私としても、観光客には回りやすくありがたいことと思います。

三舩：観光客にも良いのですが、震災によりコミュニティがバラバラになっているということをよく聞きます。そのような観点で見ると、日常的に住民が立ち寄れる施設が、このように一か所に集約しているというのは、コミュニティの形成という点でも、出会いの場が集約されて町が一つにまとまっている印象で、住民にとっても良いのではないかと思います。

佐藤：そうですね、ただ、高台の団地から見ると、ちょっと離れている。ちょっと遠いという状況にある。そのため、高台の団地の高齢者などが

来られない、これが課題です。

三舩：高台では車がないとダメですね。ちょっと億劫さがある。

佐藤：車だと楽に来られるんですけど。徒歩だと高齢者のおじいちゃんおばあちゃんは出て来られなくなる。少子高齢化なので、車がないと来られませんね。

写真 3　商店街の状況②

三舩：確か、南三陸は、復興の団地が分散しているんですね。

佐藤：そうですね、志津川では西、東、中央の 3 か所ですね。中央はスーパーがあるからまだ良いと思いますが、西、東は歩けない距離ではないがおじいちゃん、おばあちゃんには厳しいかなと思います。

三舩：震災後、中央部が津波浸水区域で空いているところをこのように開発して、成功している印象です。年間の来場者数はどれぐらいですか。

佐藤：初年度は 65 万人、3 月から 12 月までですが。2 年目は 60 万人、3 年目は 54 万人、4 年目はコロナ禍で 50 万人程度。

三舩：昔の南三陸町と比べてすごいではないですか。

佐藤：町長がトップセールスマンとなって宣伝していますから。

三舩：震災を契機につくり替えたのが成功したのではないかと思います。

佐藤：ポツポツとあるよりも集約したのが良かったと思います。集客の要因になっていると思います。

三舩：いろいろなところからも表彰されているようですね。最近のものではどれですか。

佐藤：ショッピングセンター大賞ですね。

三舩：そうですか、いろいろ受賞されてすごいですね。いろいろとお話

いただきありがとうございました。それでは、そろそろ時間ですので、これまでにしたいと思います。本日はありがとうございました。

ヒアリングを終えて

　昨夜遅く南三陸町に着き、民宿に泊まりました。そこでは、現在のさんさん商店街のところはシャッター通りと聞きましたが、通りというほど店が連なってあるようなところではなかったらしいです。しかし、衰退傾向であったことには間違いないようです。民宿でも朝市のことを聞き、ヒアリング前に立ち寄ってきました。少し、お客さんは帰ったと聞きましたが、地元の方々の熱気は感じられました。

　さんさん商店街は朝市とは違って、朝市のような雰囲気ではなく洗練された商店街という雰囲気です。商店街を歩くと、木造の店舗が印象的です。当初は、木造のため、仮設店舗と理解した方々もいたようですが、本設の商店街です。設計はオリンピックの競技場で知られる隈研吾氏です。そして、「道の駅」の一部と聞きましたが、完成後の姿がどうなるのか期待を抱かせられます。

　震災の祈念公園と一帯の地区を構成していますが、公園に行くには川があるため、新しく橋をつくりました。それも隈研吾氏設計の木造の橋です、これも話題になりました。

　そして現在は、南三陸311メモリアルとして伝承館が工事中で、楽しみは続きます。南三陸さんさん商店街、南三陸311メモリアル、そして新しくできるＢＲＴ志津川駅などを統合して「道の駅さんさん南三陸」となる計画とのことです。総面積は 24,000㎡ となるそうです。

写真 4　朝市の状況

写真 5　中橋

写真 6　祈念公園

写真 7　建設中の伝承館

5. 民間主導で「町有地＋テナント店舗」をまちづくり会社が運営
宮城県女川町　女川駅前商業エリア・レンガみち

阿部喜英

　女川町では、東日本大震災で被災した心市街地を嵩上げし、新しい街の拠点施設として、JR 女川駅から海に向かってなだらかに下る「レンガみち」（歩行者専用道路）が一直線上に延びて行くまちづくりをしました。

　このレンガみちの両側に広がるエリアは 7.4ha あり、町の賑わい拠点となる商業エリアです。

　2013 年 6 月に「女川町中心市街地商業エリア復興協議会」が設置されました。

　そこで話された内容は、被災した事業者が商業店舗を再建するだけでは、商店街としての持続可能性が低くなるので、新しい事業者をどんどん入れ変化できる仕組みが検討されました。そのためには、公設民営で

「町有地＋テナント店舗」をまちづくり会社が運営、女川町

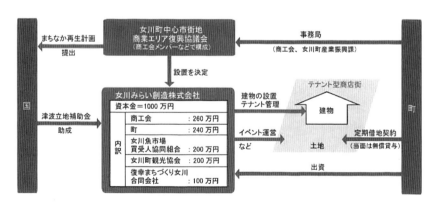

図1　各組織の関係

86

はなく、リスクを負った民間が責任をもってテナントリーシングを行うべきという結論になり、第三セクターの「女川みらい創造株式会社」が設立されました。

　つまり、町有地の上に、民間企業である「女川みらい創造株式会社」が施設を建設し、テナント方式で運営し、そこで上がった収益を基に、駅前商業エリアのマネジメントをする仕組みとしました。

　2015年12月にはシーパルピア女川がオープンし、翌年12月にはハマテラスがオープンしました。

＜施設概要＞
・名称：女川駅前商業エリア
・所在地：宮城県女川町女川浜字大原1－42（女川みらい創造株式会社）
・規模：7.4ha
・土地：町有地

　2015年12月23日女川駅前商業エリア開業記念式典を行いました。

　施設それぞれの配置は右図のようになります。

　令和3年12月10日(金)、女川みらい創造株式会社の代表取締役の阿部喜英さんにお話をお伺いしました。

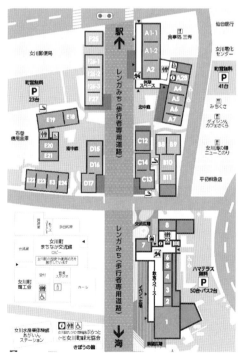

図2　各施設配置図
（提供：女川みらい創造株式会社）

商工会の会長が、総会の挨拶で「これからは若い者にまかせよう」と発言

三舩：最初に被災した状況から話していただけますか。

阿部：私は本業は新聞の販売店をしています。河北新報とか。海から2～300mのところで。家が流失。家族は無事でした。両親の家が高台にあって。そこに身を寄せました。

三舩：仮設住宅の生活は体験しなかったですか

写真1　ヒアリングの様子
左側が阿部喜英氏

阿部：みなし仮設で、1階は店舗で2階に住みました。今考えると仮設のほうが良かった。みなし仮設は非常に劣悪でした。仮設の場合ユニットバスとウオシュレットのトイレで良いです。

三舩：東日本大震災で、私は交番など、被災した状況を視察に来たんですね。

阿部：そうですか。女川は遠かったでしょう。

三舩：最初に来た時は遠く難じました。その後、何回か来て、近く感じるようになりました。それで、今は復興住宅にお住まいですか。

阿部：いいえ、2014年自宅と店舗を再建して、高台に住んでいます。避難所生活はしていないです。両親の家に7月までいました。

三舩：振り返ってみると非常に良かったですね。

阿部：被災していないところの土地を買って家をつくりました。そして被災直後から復興に関わりました。復興計画には、町の担当者を通じて意見を言っています。

　当時の商工会の会長が総会の挨拶で、これからは若い者にまかせようと言ったので、その後、創造委員会で会議に参加したり意見を述べる場

に出席させていただいていました。FRK に参加していました。

三舩：FRK とは何ですか。

阿部：女川町復興連絡協議会です。

民設民営の仮設商店街

三舩：これまで復興に関わってきてどうですか。

阿部：2011 年の 7 月に民設民営の仮設商店街をつくりました。2012 年 5 月に「きぼうのかね商店街」ができました。50 店舗の大きな商店街です。民間主導のほうが早くて、コミュニティというところでは良かった。みなさんが集まる場が出来たのは良かったです。特に 2 軒の居酒屋さんはコミュニティの核ですね。飲みながら話す場がやっとできた。当時は飲んじゃいけないという雰囲気もあったんですが、円滑に進めることが出来るようになり良くなりました。

　復興まちづくりの特徴ですが、町長を筆頭としてデザイン会議があって、ランドスケープデザインなどを協議してやった。オフィシャルな場ではなく、終わってから居酒屋に行くわけですよ。ほぼ「居酒屋ようこ」でまちづくりが決まったんじゃないか。

三舩：まさにそれこそコミュニティですね。

阿部：他で民設民営でやった

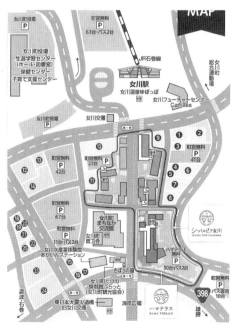

図3　女川中心部の配置図
（提供：女川みらい創造株式会社）

ことは無いじゃないかな。動き始めてそこへコンテナが来たので、それを使ってやろうかとなった。

三舩：こちらから探したわけではない。

阿部：30棟が女川に来て10棟余りました。それを仮設商店街に使った。それが無ければシーパルピアは無いんじゃないかなと思っているところがあります。商売は早くできる人たちは早くやる、先行者利益じゃないですけど、早く立ち上がったから商業エリアに継続的に支援ができました。

　コンテナ村に入る予定の花屋さんが止めようとしたが、じゃということで今も花屋を続けている。

三舩：話はそれますが、女川の仮設住宅はコンテナを使っていましたよね。それとは関係なかったんですか。

阿部：町営野球場に建設された仮設住宅とは関係ないですね。コンテナは湿気の問題の解消がなかなかできなかったんじゃないかな。野球場の中に商店街も入れようとしたんですが、現実的に無理で、商店街には使わなかった。そして集会所になった。やっぱり商売は別ですよね。

　しかし、それが縁となって、女川駅が板さんの設計になった。最初の頃のコンテナは住宅の倉庫などに使われています。貨物用のコンテナではなく、もともと住宅用のコンテナだそうです。商店とか仮設住宅で仕様が違う。ホテルはコンテナではなく、トレーラーハウスです。

三舩：そうですか。トレーラーハウスは米国では仮設住宅として使っているのを見たことがありますね。ハリケーン・カトリーナの被災地のニューオーリンズで見ました。庭に

写真2　駅方向を見る

90

トレーラーハウスの仮設住宅を持ってくるんです。庭が広いので、被災した住宅のそばにトレーラーハウスの仮設住宅を横付けしていましたね。

シャッター通りにならないように、テナント方式

阿部：こちらでは、基礎を作った上にのせている。また仮設の段階から本設に移る時に、多少の処理があった。商店街は最初26店舗で、その後ハマテラスで8店舗加わった。

三舩：今は全部で34店舗ですか。震災前に商店街はあった？

阿部：以前は5つくらい商店会があったが、震災で全て無くなったので、解散してやりたい方々で中心地に換地して集約した。店によって、事業のやり方は様々です。シーパルピアのテナント料を払うことに対して難色を示していた方もいましたが、集約しました。国のお金を使うことにして、シーパルピアは国の金額が5分の4、未来創造で借りています。そしてテナントの賃料でやっています。

　国は、被災した事業者さんの復旧なので、元通りにするのなら良かったのですが、新規の方々は被災していないので行き場がなくなる。でも仮設の段階からお客を集めているところがあったので、切り捨てるわけにもいかないので、国と交渉して、被災していない事業者が混在していても良い新たな制度をつくってもらった。街並み立地補助です。これは、その後他のところでもやっている。

三舩：結果的に新規の方も復旧の枠を超えて参加できた。

阿部：震災前から右肩上がりの状況であれば復旧でも良いですが、人口減少の傾向にあったので、元に戻してもしょうがないので、根本的にどう解決しようかと思った。今回は商業に関してはそういう答えを出しました。

三舩：大変だったと思います。

阿部：駅前の街の顔となる部分だったので、事業承継が出来なければ

写真3　駅前のイルミネーション
（写真提供：女川みらい創造株式会社）

シャッター通りになる可能性があります。ここのエリアで新陳代謝がしっかりしていれば、空き店舗が出ても対応できるように、そういう意味では、変化に対応できるテナントの方式が良いということです。

三舩：事業継承という面では良いですね。ところで、今年の10月にも来ましたが、人出が多かった。いつもこうですか。

阿部：最初の頃は話題になって多かった。毎年増えてきた。年間10万人から始まって40万人くらいまで増えてきた。先月は緊急事態宣言が明けて10月、11月は多かった。12月は寒くなって少し落ち着いてきた。

三舩：建物を背景に舞台として使い、屋外のコンサートもやっていました。人が触れ合う。こういう場所があって、コミュニティに大きな役割を果たすと思います。

阿部：商店街全体がそのようなことを果たすわけではありません。昔から地元資本でやっているところは人が集まる。多く人が来ているといっても女川の町民ではありません。ここはコミュニティの場でもありますが。観光の面で外貨を稼ぐ場であって事業者にとってはチャレンジの場です。

三舩：そういう意味では、徐々にうまくいっているという感じですか。

阿部：うまくいっているというよりは、ギリギリ何とかやっているという感じです。大きなポイントとしてコロナ禍があって。震災前、女川に来る人は公称70万人、スポーツ施設の利用客を入れてです。お金を入れて来る人ということで見ると、震災前を越えている。

三舩：それは成功と言って良いですね。

阿部：その意味では成功で
しょうね。閉店要請したとこ
ろには独自に支援金を出し
たこともありました。コロナ
禍になった時は、止める店が
出るのではないかとビクビ
クしていましたが、コロナ禍
で退店した店は無かったで
すね。

写真4　屋外でのコンサート

三舩：良かったですね。それでは、そろそろヒアリングを終えたいと思
います

阿部：あとは「居酒屋ようこ」さんに行って、直接「ようこ」さんに聞
いたほうが良いと思います。

三舩：それでは、これから行ってみます。

阿部：ところで、今日はどうするんですか。

三舩：石巻に泊まろうと思っています。トレーラーハウスのホテルには、
これまで何回か泊まりました。あの仮設はいつまであるのかなと思って
見ていました。

阿部：あれは本設です。トレーラーハウスは移動できるので。未来会議
でも出資しています。

三舩：そうですか。仮設と思っていたので、失礼しました。今日はあり
がとうございました。

ヒアリングを終えて

　震災前、そして震災後の写真を見ながら、現在の復興した女川の中心
部の状況を見ると、以前の道路を中心とした中心部の状況とは異なり、
歩行者優先で遊歩道を中心とした新たな商店街が創造されたことがわか

ります。きっと、これまでの延長では考えられなかった町が出来たと思われます。

　これをもたらしたのが、東日本大震災でした。東日本大震災により、壊滅的な状況になることによって、新たなまちづくりを考えることが出来たと思われます。既存の商店会を解散して、やる気のある方々を集約して実施しました。そして、以前のようなシャッター通りはつくらないように検討しました。その結果、テナント方式としました。

　海岸沿いに、震災遺構として交番を残しています。そのような被災した土地を基点に、嵩上げを行い、海に向かってなだらかに下るスロープを基準として、商店街を構成しています。

　民間活力を使って出来たまちです。復興のシンボルとしての商店街の輝きがあるように思います。

写真5　震災遺構としての交番

写真6　トレーラーハウスのホテル

写真7　女川駅

写真8　居酒屋のようこさん

６．堤防の上の利用で「かわ」と「まち」が一帯となる

宮城県名取市　かわまちテラス閖上

櫻井広行

　「かわまちてらす閖上」は、東日本大震災後に、名取川の堤防を利用してつくられた商業施設です。

　岩手県では川の津波対策として水門を設置しますが、宮城県では水門を設置せず堤防で防ぎます。そのような方針もあって、堤防を積極的に活用して出来た親水空間としての商業施設が「かわまちてらす閖上」です。

　閖上の商店街はシャッター通りになっていました。東日本大震災の津波で流され壊滅的な被害を受けたことを契機に、地元は、国土交通省の提案を受入れ、名取川の堤防の幅を広くし、堤防の上に新たに商業施設を造りました。いわばスーパー堤防の有効利用です。

　商業施設は木造平屋建ての建物３棟が連なり物販や飲食など 27 店舗で構成されています。

　建物は民間事業者と名取市が出資するまちづくり会社「株式会社かわまちてらす閖上」が建設しました。閖上の海と松からイメージしたといわれる黒味がかった緑「海松藍色」のシックな外観です。

　閖上の名取川沿いに開発されたかわまちテラスは、それまでの閖上の商店街を全く変えました。

　今後、閖上の生活、生業の再建、観光交流の拠点として期待されています。

　かわまちてらす閖上開業記念式典は、平成 31 年 4 月 25 日に開催されました。

　令和 4 年 5 月 22 日（日）ゆりあげ港朝市協同組合代表理事の櫻井広行さんにお伺いしました。

図1　かわまちてらす閖上位置図

最初は朝市の再開

三舩：被災した時の状況はいかがでしたか。

櫻井：「さくらい水産」という魚屋をやっていました。水産加工業がメインで小売りは朝市だけです。東日本大震災では、津波で水産加工場が被災し、そのため工場は止めました。現在は仙台のスーパーマーケット

写真1　ヒアリングの様子
右側が櫻井広行氏

のテナントとして魚屋をやって、それで食べています。約50年の歴史を持つゆりあげ港朝市協同組合の理事長をしています。

三舩：朝市の歴史はどうなんですか。

櫻井：朝市は約50年続いてきた市で、震災後これまでやってきた人を集めて食料の供給難の時期に、なんとか役に立ちたいと思い、港朝市を震災発生から3週間後の3月27日に1回コッキリの朝市を開催することに決めました。場所はイオンモールの駐車場を借りる形で朝市を開催しました。

三舩：1回だけですか。それで一緒に朝市をやろうという人は何人くらい集まったんですか。

櫻井：1回だけにしようとしたのは、被害が大きすぎて継続的に開催する自信が無かったからです。それで1回コッキリにしようと話し会いました。当日は店が20軒程度集まって開催しました。開催した方々は、これまで閖上で商売をやってきた人がほとんどでした。

三舩：反響はどうでしたか。

櫻井：1回コッキリと考えまだ復興の話もしていないのに、マスコミは「いよいよ閖上、復興第1号」と大々的に取り上げました。そして、翌

28日には市役所と商工会の電話がジャンジャンなったそうです。次はいつやるのかと。

三舩：すごいですね。待たれていたということですね。

櫻井：今後のことについては、何も皆と話し合いもしていませんでしたが、あまりに次はいつかと聞かれるので、1か月後は4月10日だったので、それなら大丈夫と思い、4月10日と言いました。特に予定もありませんでしたが、最初は3か月程度ということで借りました。

三舩：3か月程度なら良いかということですね。

櫻井：しばらくやってみて、状況を見ながら、期限が来たらつぶせばよいと思っていました。

三舩：でも、その後、もっと長くやったんですよね。

櫻井：そうです。お客さんが来るので、イオンモールの場所はもう少し長く借りたいと思いました。調べてみると、当時与党であった民主党の岡田幹事長の兄がオーナーでした。そのため、代議士に相談して岡田幹事長に話して、イオンモールにつないでもらいました。そして、3か月で打ち切られるのでなんとかできないかとイオンモールの件をお願いしました。

三舩：それは無料でということですね。

仮設商店街の建設

櫻井：その結果、イオンモールの会長が、震災後の初期の頃で、朝市が地元に帰るまで面倒見ろとなったそうです。結局、そこで2年間無料で借りられ、やってきました。

　当時、日曜日の売り上げは昼の1時がピークでした。しかし、朝市の開催以後、昼の1時のピークに加えて、10時に小山が出来て、小山の分集客が増えたと喜んでもらいました。これが良かったです。

　そしてその後、仮設商店街が平成24年2月に出来た。名前は「閖上

さいかい市場」で、24店舗、
7事業所の計31事業所でグ
ランドオープンすることに
なりました。

三舩：「さいかい」というの
は「再開」という意味ですか。

櫻井：そう。それと、離れば
なれになった住民の「再会」
という意味もありました。そ

写真2　震災以前より広く大きくなった堤防

して、2019年12月31日をもって閉店するまで頑張った。

三舩：結構長く頑張ったんですね。それが「かわまちてらす閖上」につ
ながるんですね。

櫻井：閖上に帰る時に話があると相談を持ち掛けられました。復興の件
で、土地を借りて事業があってそのためには、4分の3は補助金をいた
だけるが4分の1は自分で出す必要がある、ということでした。私はそ
の自己負担金が必要ということは市にも幹部にも最初に皆さんに言って
くださいとお願いしました。

　というのも被災者はこれまで無料という感覚でやってきた。そのため、
何かするにも全額補助されるわけではないにもかかわらず、もらえるこ
とを前提に考えている雰囲気があり、例えば仮設でも家賃2万円の負担
で良かった。そのため、そういう調子で家賃を払えば良いと思っていま
した。

　そのため、自己資金が必要ということを最初に話せと言いましたが、
その話は無かったようでした。それで1年間過ぎました。商工会が土地
の面積を1万㎡を1万5千㎡に増やしたのに、2年間塩漬けになりまし
た。

　イオンの駐車場は1万5千㎡あったので、建物を建てても商店街も

吸収できました。

かわまちてらす閖上

三舩：かわまちてらすの構想を最初の頃はどう思いました。

櫻井：地元の人間には思いつかないアイディアだなと思って聞いていました。全国で唯一の河口付近でしかも堤防の上に建設された商店街。

それを国土交通省の「かわまちづくり事業」でやってくれるということでした。

その頃は現在のような姿をイメージできませんでしたが、国がバックアップしてくれ、補助金が出て復興できるなら有難いと思っていました。

三舩：しかし、補助金が出るとはいえ、これは無料ではないですよね。

櫻井：堤防部分は国土交通省、そしてそれに名取市の土地も加えて計画するということでした。

結局、土地は借りることになり、費用は4分の3は補助金が出るが、事業者は4分の1の負担が必要になるとの説明でした。

しかし、被災者は仮設商店街は無料だったということがあって、家賃の2万円を払えばよく、無料であればやる、なんでももらえるというような風潮がありました。そのせいもあってか、「道の駅」をやりましょうと最初の説明会には20数人いましたが、2人しか残りませんでした。

これは想定外でした。そのため、どうするとなった時に勉強会は解散しました。それで、1万5千㎡の土地を2年間塩漬けにしてしまいました。

三舩：4分の1負担ですか、それだけですか。

櫻井：それに加えて50万円の出資金が求められました。

三舩：そして、2年も塩漬けですか。道の駅はやっていないですよね。

外部の事業者も入れる

櫻井：解散したころに国土交通省の河川局の方が来て、堤防を改修するときに堤防の幅を倍にしてそれを使えるようにする、と言う提案をしてきました。増やした部分は名取市を通じて民間に貸しても良いですよという内容でした。

櫻井：しかし、これでは、閖上だけではできないと思いました。そもそもはシャッター街を何とかしなければならないと思っていました。

　そして勉強会は集まってきましたが、50万円の出資金も出せないとなると閖上だけでは無理で、外部からの参加者も必要と思い交渉しました。結局は、外部からの人の補助金は3分の2とし、負担は3分の1として事業を進めることになりました。

　そして、閖上の地元事業者約50事業者は話を聞きました。そして、一緒にやりませんかとお願いしましたが、集まったのは7事業者だけでした。そのため、外部からは19業者を入れて実施することになりました。よそからの人を多くしたから出来ました。

三舩：そうですか、コンサルタントはUR都市再生機構ですか。

櫻井：その通りです。1年間、復興庁のコンサルタントとしてUR都市再生機構にお願いしました。副市長の石塚さんにお世話になりました。そこで、10年間の収支計画も作成してもらい仕組みづくりもやってくれました。また市の職員も一生懸命にやってくれました。

三舩：URも東日本大震災で息を吹き返したようですね。

櫻井：やはり、このような大事業はURでないと。

　結局、国は無料で市に貸して、賃貸料は駐車場も含めて年間100万円でした。そのお金は「かわまちてらす株式会社」をつくり、そこに収めるような仕組みとなりました。会議では、私どもは何もしなくて良くて、ニコニコして聞いていました。

　結局は、こんな立派なものが出来るとは思いませんでした。

写真3　周辺には住宅も整備された

三舩：いいですよね。国土交通省には、以前、スーパー堤防というのがあって、従来型のカミソリ堤防や緩傾斜型堤防ではなく、背後の市街地再開発と一体となって開発するもので合理的な土地利用を図るものでした。東京都では隅田川にそのような位置づけをしていました。しかし、幅広い堤防とその上の土地利用や周辺との兼ね合いから、実現が難しくてなかなか動いていませんでした。

　しかし、今回の東日本大震災を契機として、そのような構想が実現でき、また新たなムーブメントになるように思います。

櫻井：本当に良かったと思っています。とにかく景色が良い。わたしら地元の人間だけで考えても、このようなアイディアは出てこない。今回は国土交通省の河川局さんの提案に乗り、良かったと思います。堤防の上という、私どもでも思いつかなかった新しい風景を生み出してくれて感謝しています。

三舩：これは、土地の所有者が国と名取市ということで、事業者は皆さん賃貸というのが良かったと思います。土地を事業者が所有するとうまく行かない場合があり、そこのリスクを回避でき、事業の継続性を考えた場合、そのような賃貸方式で良かったと思います。

櫻井：事業者は自分で店を立てるのに、4分の3の補助金が出るんですよ。被災者だから只にしろというのでは良くありません。こんな立派なものを造っていただいたんですから。

三舩：それでシャッター通りを改善したということですね。

津波のおかげで変わることができた～新しい閖上

櫻井：そしてこれは、私ども閖上の人間の思いも変えたと思います。シャッター街に対する既存商店会の考え方、そして無料でやってくれるならばよいという被災者意識、そういうことではこの危機を乗り越えることは難しかったと思います。

　私は、国がお金を出してくれるなら、チャンスだと思って関わりました。そのような面ではありがたかったです。大震災の津波のおかげで変わることができました。商店会の集まりでも景気が悪いのは日本経済のせいとか、そんなことばかり言っていました。今、振り返ってみますと津波が来ないと私どもも変われなかったと思います。

三舩：震災のおかげということですか。国もチャンスだと思ったのでしょうね。櫻井さんは、台湾の大学に呼ばれて講演したそうですね。

櫻井：そうです。台湾から義援金などをいただいたお礼として行ってきました。1人当たり現金で50,000円いただきました。仏教関係と思いましたが、並んでいただきました。日本ではなく、外国からいただいたんです。これは本当にありがたかったです。そして台湾の学生から教わったことがありました。

三舩：どういうことですか。

櫻井：どうして台湾はこんなことをしてくれるのかと聞いたときです。台湾の学生は、1999年9月の集集地震の時、日本から助けてもらったからだ、特に神戸から支援を受けたということです。隣の人が困ったら助けないですか、助けるのは当たり前でしょう、と学生に言われて恥ずかしかった。

三舩：そうですか、台湾の集集地震の被害は大きかったですからね。私も視察に行きました。仮設住宅などが日本と違って勉強になりました。

櫻井：なんというか、被災者エゴが強いような気がします。ただでやってくれると思っている。そして、なんとかお返ししようという気持ちが

無い人を相手にするとロクなことが無い。国の補助金のおかげです。ありがたいと思わないと。

三舩：そうですね。考え方を変えないといけませんね。基本的に感謝の心が必要ですね。それでお客さんの入込状況はどうですか。

櫻井：１年目はお客さんは大勢来ました。２年目はコロナが来ました。そのコロナの１年目がほとんどお客さんは来なくて、どうなるかと思いました。しかし、コロナの補助金ももらえて、また川沿いで風通しがよいせいか、コロナの２年目にはお客さんが来るようになりました。堤防の上で良かったということはありますね。ダメな店があっても入ってきます。

三舩：そうですか。

櫻井：アクアイグニスという店があるんですけど、四日市で同じようなものをつくった。和食で東京の有名な店で昼が4,000円、ところが高いらしくて皆こちらに流れて来ます。４月以後客が山のようにくるようになりました。我々にとって良いことになりました。

　最初、その店が出てきた大変ですねと言われました。しかし大変ではないと。地元の人はライバルがいないと頑張らない。

三舩：しかし、何度考えても堤防の上というのは良いですね。

櫻井：本当にここは景色が良い、これが閖上かと思った。地元の人は皆そう思っていると思います。新しい閖上です。

三舩：新しい閖上というのが良いですね。シャッター通りは２度と出来ないような気がしますね。国交省はモデルにしたかったんですね。

櫻井：昨年の12月に、国土交通省の「かわまち大賞」をいただきました。我々は何にもやっていないのに、逆に国土交通省にいろいろやってもらって、受賞したので、なんと言ってよいのか。

　何もやっていないのに、ビシーと造ってもらって、一緒に受賞したのは大阪の道頓堀です。道頓堀と店の間は物置き場で汚かったです。それ

を整備して広くするからと言って、そして遊覧船で賑やかになりました。国交省は頭が良いと思いました。

三舩：そうだったんですか。

櫻井：来年度アクアイグニスのところ貞山運河から周辺を改造するんです。昔は貞山堀といってひどかったです。法人をつくってやる予定です。

三舩：法人ですか。

櫻井：法人だとやりやすい。補助金をもらいやすい。朝市とかわまちてらす、それに加えて貞山運河でもそうする予定です。

三舩：いろいろ未来への展望もありそうですね。聞いていて嬉しくなりますね。

櫻井：おかげで、ぬるま湯の自分を変えられました。商工会もそうですが、不況を世界経済のせいにしていました。シャッター通りにしたのは商工会ですから。

　亡くなった人には申し訳ないけどこれは津波のおかげです。でもこの状況を見ると亡くなった人も喜ぶと思うよ。震災を契機にシャッター通りを変えることが出来たから。

三舩：津波のおかげで自分を変えられたということですね。良かったですね。

櫻井：チャンスをもらったようなものです。震災がなければ変われなかった。お金をじゃぶじゃぶかけてこういうものを造ったんだから、何かを残さなければと思ってやっています。

三舩：今日は、東日本大震災を契機として商店街を造り替え、生まれ変わったというお話をいただきありがとうございました。これからも期待しています。

ヒアリングを終えて

　巻頭の 20 ページの写真には東日本大震災以前の津波が来ようとして

いる時の堤防の姿があります。当時の堤防周辺の姿と比較すると、現在の状況は全く異なります。櫻井氏が「とにかく景色が良い。わたしら地元の人間だけで考えても、このようなアイディアは出てこない。」「これが閖上かと思った。……新しい閖上です。」と語っているように、地元の人達では、こういうことは考えられなかったということが良くわかるように思います。

　このような、地元の方々では考えもつかないような未来像をもたらしてくれたのが、東日本大震災でした。東日本大震災により、全て流されてしまった状況がもたらしてくれたのが新しい閖上でした。そして、櫻井さんの「津波のおかげでぬるま湯の自分を変えられた」という言葉が印象的でした。

　そして、現在「かわまちてらす閖上」の周辺には、共同住宅や遊び場もでき、震災復興伝承館も出来ました。日和山も整備され、震災メモリアル公園も整備されています。そこにはモニュメントとしての祈りの場があり、中心に芽生えの塔、それを取り囲むように犠牲となった方々の刻銘碑、天皇陛下、皇后陛下が皇太子、皇太子妃時代に読まれた句が記されています。

写真4　名取市震災復興伝承館（外観）

写真5　名取市震災復興伝承館（内観）

写真6　日和山

写真7　震災メモリアル公園、祈りの場
　　　　芽生えの塔

写真8　近くにあるカナダ政府から寄
　　　　付されたメイプル館

写真9　メイプル館内部

第3章　シャッター通りへの呼びかけと復興

　前章まで見てきた商店街の中から、シャッター通り改善の要因を見ていきたいと思います。

　郊外に大規模ショッピングセンターが開発され、魅力的なショッピング空間が建設され、賑わいを見せる中で、既存商店街におけるシャッター通りの問題は、我が国がかかえる中心市街地の残された大きな問題でした。

　広い通りに面する商店街の場合、車の通る道路が商店街の分断に繋がっていました。このような場合の改善策として、歩道を広く確保し、車道部分を蛇行させ車の速度を下げて歩行者と車の共存を図ろうとするボンエルフなどが導入されました。ミネアポリスのニコレットモールでの実践は大きく取り上げられ、我が国でも旭川

写真1　ミネアポリスのニコレットモール
　　　　車道が曲線状に曲がっている

市の買物公園などのように歩行者の通りらしい雰囲気を出すように改善されていきました。

　道路の広さがある程度狭くなると、例えばアーケード街のように、歩車分離を行い、雨天でも影響のない歩行者専用道路として商店街の振興をしてきたところもありました。

　そして、歴史的建造物が建ち並ぶ通りでは、その歴史的特性を生かした商店街としてお客様を集めました。

　そのような振興策が採用できるところでは良いのですが、出来ないと

ころの方が多く、多くの通りがシャッター通りとして残りその状況が長期間続き、有効な改善策を打ち出せないままとなっていました。

　しかし、東日本大震災における津波は、そのような状況を一掃させました。経済的にも衰退していた津波浸水区域にあったシャッター通りでは、これを機会に、土地を手放し転出を希望する方々も多く、そして、このような状況を受けた自治体は、土地を取得し、シャッター通りからの脱却を目的として、新たな計画で商店街の振興を図りました。

　本書の第2章で見てきたように、大震災を契機に改善し新たに生まれた商店街は成功しています。ここからは、これらの成功に導いた要因について考察、整理しまとめたいと思います。

1．土地の公有とテナント方式

　シャッター通りが出来、その衰退傾向から抜けられない原因に地権者の存在がありました。地権者として土地と建物の両方あるいは片方を持っていますが、衰退して店舗の活用が出来ない時期が長期に及び、その衰退傾向を止めることが出来ないままになっていました。通り全体がそのようになると1軒だけ頑張ってもどうにもならない状況になります。

　代々続く土地を売却することが出来ない状況が続いているうちに、衰退傾向を見ている買い手としても購入意欲も少なくなります。そして、後継者不足の問題も大きな要因でした。共同して新たな開発をしようというディベロッパーにも期待しますが、なかなか代々続いてきた権利者間の合意形成が出来ない状況になります。

　このように硬直化した状況の中で、東日本大震災が発生し、商店街を一掃しました。東日本大震災は被害状況が大きかったために、大きな転換点となりました。

　被災したことを機会に、代々続いてきた土地をどうするかという問題

に直面して、決めかねていた権利者ですが、被災状況があまりに大きく決断する時期がきたようで、土地を手放したいという権利者が多く、これを契機に衰退したシャッター通りの中心市街地を改善したいという行政は、土地を購入することにしました。よく言われることですが、壊滅的な被害であったこと、これが成功の大きな要因となったことには間違いがないように思います。これが壊滅的ではなくある程度残されていれば、合意形成は難しかったと思われます。

　土地の入手が進み、行政と住民の協議の中で、テナント方式というアイディアが出てきます。２章でも見てきましたが、テナント方式であれば入れ替わりが出来ます。つまりやる気のある事業者によって商店街が構成され、商店街として賑わいを持続して行くことが可能となります。

　施設の建設方式にはいろいろあると考えられます。民間のまちづくり会社を設立して建設するとか、半官半民の第三セクター方式で建設する方法等です。

　賑わいを持続し商店街の振興を目的に、その基本となったのが、地権者が存在しない土地の公有とテナント方式です。これが基本的なシステムです。

　気仙沼市の南町紫神社前商店街では、一部土地に民有地がありますが、基本的な方針は同じです。

２．歩行者中心の商店街の構成

　商店街は通常道路沿いに形成されてきました。前項で見たように、これまでの道路に沿って出来た商店街は、立地している道路の性格により、商店街も性格づけられてきました。

　広幅員道路の幹線道路は車の通行が多く、商店街が道路によって分断され、また狭い道路の場合、駐車場の確保が十分に出来ず、アクセス出来ないという問題がありました。駐車場問題を解決したのが郊外型の大

型商業施設やロードサイド型の商業施設でした。そして、このような商業施設が賑わう一方で、中心市街地はますますシャッター通り化して行きました。

歩行者空間として、アーケードで覆い、賑わっている商店街もありましたが、道路沿い型の商店街には限界がありました。それは、変化が出来ないという限界です。道路以外の部分は事業者の土地として占められており、新たな魅力ある空間の創造は困難な状況でした。そのため、業績不振で廃業した店の土地が空き地となった時に、イベントに使われるという、そのような使われ方をされる状況でした。

第2章で紹介している成功例は、道路によって規定された道路沿いの商店街ではなく、歩行者空間を多く確保し、広場もありイベントが催され、歩きながら多くの商店に行き来出きるようにしています。

駐車場は離れたところに確保するという、いわゆる歩行者中心の商店街の形成です。つまり車の通る道路によって商業空間が左右されず、自由度の高いショッピング空間が創造されました。

それは、広場やイベントスペースを創出し、ショッピングばかりではなく楽しみの多い要素を含み、親子で来られるような新たな魅力的な商業空間を生み出すことに成功しました。

地権者により構成された既存の道路沿いの商店街の持つ限界を、土地を公有化するこ

写真2　イベントスペースの例
（写真提供：キャッセン大船渡）
〈再掲：11ページの写真〉

とにより、魅力的な空間を創造することに成功したわけです。

キャッセン大船渡、南三陸町さんさん商店街、女川商店街、そして通

常の商店街とは成り立ちが違いますが、かわまちてらす閖上などはその例です。

3．エリアマネジメント

エリアマネジメントという表現は使っていないものの、成功している商店街は、何らかの形でエリアマネジメントのようなことを実施しています。

このような活動をする時に、その活動費用はどこから出すかということが問題になります。キャッセン大船渡では、エリアマネジメントのための費用を、通常相当額の地代を税相当額まで減額し捻出しています。これは、大船渡市のアイディアですが、エリアマネジメントの重要性から明確にエリアマネジメントための費用を補償しています。

図1　エリアマネジメントの仕組みの例〈再掲：41 ページキャッセン大船渡〉

これは、なかなか既存の商店街では出来ないことです。既存商店街の中での経営状況の厳しい事業者は、そのようなことに回す費用もなく合意形成には厳しい状況も出てきます。

既存の商店街が津波で流され、土地が公有地となり、新しくテナント

方式としたから出来たシステムと思います。

4．道の駅

　道の駅は、施設規模の大小にかかわらず、震災が発生した時に被災後の復興に大きく貢献してきました。そもそもは、特定交通安全施設等整備事業のことで、道路管理者の行う自動車駐車場(簡易パーキングエリア)の整備(直轄事業・補助事業)で、駐車場、トイレ、道路情報ターミナル等の道路施設の部分を対象としています。

　主要な幹線道路のうち、夜間運転、過労運転による交通事故が多発もしくは多発する恐れのある路線において、他に休憩のための駐車施設が相当区間にわたって整備されていない区間に道路管理者か簡易パーキングエリアを整備する場合を採択の基準としています。

　交通の便が良いところに立地し、高速道路のパーキングエリアのように存在感を増してきました。そして、それは評判が良いものでした。場所によっては、良く知られた道の駅となっているものもありました。

　今回紹介した6か所の商店街の中では、南三陸町さんさん商店街と女川商店街の2か所が道の駅とすることにしていました。陸前高田市のアバッセたかたは道の駅にはなっていないものの、近くにある国営追悼記念施設の東日本大震災津波伝承館は、「道の駅高田松原」を併設しています。

写真3　東日本大震災津波伝承館に併設された「道の駅高田松原」

　道の駅では、第3ステージとして、「新たな取り組みとして、地方創生・

観光を加速する拠点の深化を推進」をすることにしており、道の駅の活用も商店街の復興には有効です。

５．復興公営住宅との複合開発

商店街振興のためには、商店街を使う住民が必要です。新たな商店街をつくったとしても商店街を使ってくれる方々がいないと商店街は衰退してしまいます。そのことを考慮し、復興公営住宅と商店街を一緒に複合開発した例が気仙沼市の南町紫神社前商店街です。

よく見られることとして、共同住宅の１階に店舗を設置する例があります。しかし、店舗をこのように１階に設置する例は、まちの中心部から外れた場所では難しかったのではないかと思います。

商業活動をしながら中心部に居住を希望する方々のためにも、中心部の近辺に、居住施設と商業施設の複合開発が求められるのではないかと思います。

写真４　南町紫神社前商店街
右側が商店街棟で左側が市営住宅
〈再掲：15 ページの写真〉

気仙沼市では、昔から漁業をしていた方々が近くで飲食をしていたという風習から、居住施設と商業施設による複合施設として、南町紫神社前商店街の復興に市営の復興住宅が併せて計画され、複合施設として開発されたエリアが出来、そこにはイベント用広場もあり、評判となりました。

東日本大震災では、津波浸水区域には居住しないという考え方で、海から離れた高台を居住エリアとし、漁業や業務などの経済活動は海の近くの平場のエリアというよう

に平面的なゾーニングしてきました。

　しかし、南町紫神社前商店街では、海に近い平場であったこともあり、併設された公営住宅は2階以上に設置するという立体ゾーニングを行い、これらの問題を解決しました。

　これからは、商店街が賑わうように、居住施設としての住宅とセットで複合開発をすることも検討課題の一つと思います。

6．大規模集約型の商業施設として、さらに公共施設を加えて

　東日本大震災前にも、MAIYAなどの大規模商業施設は各地にありました。それなりの集客があり、復興には必要な企業でした。

　しかし、陸前高田市の商業組合では、このような大規模商業施設をさらに集約化し、大規模化して中心商業施設「アバッセたかた」としました。より強い核をつくろうという趣旨です。そして、現在周辺には別の商店街もでき、「アバッセたかた」は広がり行く商店街の中心施設として存在しています。

　「アバッセたかた」では、さらに市立図書館を併設しています。商業施設の中に、図書館のような公共施設を誘致し、日常的に市民が使える施設を加えより魅力のある複合施設にしようというという趣旨です。

　一方で、市としても、集客力のある中心部の大きな商業施設の中に図書館を入れることは効果的で、市民にとっても良いサービスになると思います。

7．他の文化施設と一帯的な開発によるセンターゾーンを創造

　商業施設ばかりではなく、文化施設として、市民文化会館、博物館、祈念公園等と一帯的な街の中のセンターゾーンとして商業施設を位置付け開発することも重要なことです。多くの人が行き交う拠点になり、見どころの多い魅力的な地区を創造できます。

このような例として、陸前高田市のアバッセたかたの周辺があります。そこの近くには市民文化会館「奇跡の1本松ホール」や市立博物館等があります。また、南三陸町のさんさん商店街周辺には、祈念公園や建設中の伝承館があります。

写真5　南三陸町さんさん商店街周辺の祈念公園
〈再掲：85ページの写真6〉

　自治体の中心に多くの施設を集め、自治体の魅力的なセンターゾーンを創造すること、これが大きな目的です。その大きな要因となる役割を果たすのが商業施設ということです。

8．思いの転換

　最後に最も重要と思われるのは、個人個人そして、地域の方々の思いの転換であると思います。ここで思い起こすのは閖上の櫻井氏が語ったことです。「……私ども閖上の人間の思いも変えたと思います。シャッター街に対する既存商店街の考え方、そして無料でやってくれるならば良いという被災者意識、そういうことではこの危機を乗り越えることは難しかったと思います。……大震災のおかげで変わることができました。商店会の集まりでも景気が悪いのは日本経済のせいとか、そんなことばかり言っていました。今振り返ってみますと津波が来ないと私どもは変わらなかったと思います。」この言葉の中に、他人や社会のせいにするのではなく、個人個人、そして地域の方々の思いの転換がベースにあり、そのような生き方が求められるのではないかと思います。

あ　と　が　き

　全国的に既存の中心市街地が、シャッター通りとなっている現実は、地方経済の地盤沈下に大きく影響を及ぼしていました。そのようなシャッター通りが、東日本大震災を契機に、大きく生まれ変わることになりました。ヒアリングで聞かれたことには、必ずと言ってよいほど、「そのままの復旧ではなく、シャッター通りを何とかしたかった」というようなことでした。

　商店街は、地域のコミュニティを考える上でも重要な存在で、日常的な営みの延長線上に位置づけられるものです。そのため、地域にとって必ず復興して欲しい存在です。

　それまでに形成されてきた商店街から１店舗、そして２店舗とシャッターを下ろしていく店舗が徐々に増え、いつしかシャッター通りと呼ばれる通りとなり固定化されてしまいました。そして、新たに出店する店舗は、多様性と車社会に対応するように、駐車場を持った郊外型の大型店舗となりお客様は流れて行きました。そしてかつての中心市街地はますます身動きが取れない状況となり、その状況を改善する手段を持ち得なくなりました。

　このような状況で、東日本大震災が発生しました。今回、取り上げた例は、東日本大震災をシャッター通りから生まれ変わるチャンスとして捉えた商店街です。

　その中で印象的なのは、閖上の櫻井氏の語った「大震災のおかげで変わることが出来た」という言葉です。この中に状況を変える秘訣があり

そうです。経営不振を社会環境や不況のせいにしてしまう、そのような思いになりがちになる中で、変わることが出来ることが、新たな商店街を創造する出発点になると思われます。

　本書で見てきたような東日本大震災後を契機とした商店街の復興は、津波で全て流されてしまったからできたといえることかもしれず、東日本大震災があったからこそ出来た特殊解といえるものかも知れません。

　しかし、長期的な展望を持って、商店街をつくりかえようと思うなら、今回取り上げた例は、良い参考例になると思います。すぐには実現することは難しいと思われますが、本書が、その見本を集めた書籍としてシャッター通りを変革する契機となることを願っています。

　最後に、ヒアリングや写真提供など、特に全て流されてしまった状況で協力していただいた商店街や関係者の方々、テープ起こしをしてくれたジェネスプランニング㈱の蓑田ひろ子氏、三舩國生氏、そして商店街の復興についても１冊にまとめたいという願いを聞いてくださった株式会社近代消防社の三井栄志社長には感謝を申し上げます。

　令和５年３月

三舩　康道

118

《著者紹介》

三舩　康道（みふね やすみち）

　1949年岩手県生まれ。東京大学大学院工学系研究科博士課程修了・工学博士。技術士（総合技術監理部門・建設部門）、一級建築士、防災士。ジェネスプランニング㈱代表取締役。みなとみらい21地区防災計画の作成、スマトラ島沖地震インド洋津波バンダ・アチェ市復興特別防災アドバイザー、その他各地の防災関連の業務を行う。

〔委員等〕地域安全学会理事、日本都市計画協会理事、見附市防災アドバイザー、墨田区災害復興支援組織代表、国際連合日中防災法比較検討委員会委員、新潟工科大学教授等を歴任。

　　現在、希望郷いわて文化大使、ＮＰＯ法人災害情報センター理事、災害事例研究会代表、東京文化資源会議幹事。

〔著書〕「糸魚川市大規模火災と復興へのあゆみ」（共著）近代消防社、「東日本大震災上・下」近代消防社、「東日本大震災から10年」近代消防社、「日本列島震度７の時代到来」近代消防社、「密集市街地整備論」早稲田大学出版部、「東日本大震災を教訓とした新たな共助社会の創造」近代消防社、「減災と市民ネットワーク」学芸出版社、「東日本大震災からの復興覚書」（共著）万来舎、「災害事例に学ぶ！21世紀の安全学」（編著）近代消防社、「安全と再生の都市づくり」（共著）学芸出版社、「地域・地区防災まちづくり」オーム社、「まちづくりキーワード事典・第三版」（編著）学芸出版社、「まちづくりの近未来」（編著）学芸出版社など。

| | 東日本大震災を超えて!!
―シャッター通りからの復興― | 定価 1,500円
（本体 1,364円＋税10%） |

著　者	三舩　康道　Ⓒ2023 Yasumichi Mifune	
発　行	令和５年５月27日（第一刷）	
発行者	近　代　消　防　社	
	三井　栄志	

■発行所■

株式会社 近 代 消 防 社

〒105-0021　東京都港区東新橋１丁目１番19号
（ヤクルト本社ビル内）

TEL　（03）5962－8831㈹
FAX　（03）5962－8835
URL　https://www.ff-inc.co.jp
E-mail　kinshou@ff-inc.co.jp
〈振替　00180-6-461　　00180-5-1185〉

■印刷製本■

創文堂印刷株式会社

ISBN978-4-421-00976-7 C2030　〈乱丁・落丁の場合はお取替え致します。〉

資料編

東日本大震災復興計画の土地利用計画（抜粋）

1	岩手県大船渡市：キャッセン大船渡周辺の復興計画	122
2	岩手県陸前高田市：アバッセたかた周辺の復興計画	124
3	宮城県気仙沼市：南町紫神社前商店街周辺の復興計画	126
4	宮城県南三陸町：南三陸さんさん商店街周辺の復興計画	128
5	宮城県女川町：女川駅前商業エリア・レンガみち周辺の復興計画	130
6	宮城県名取市：かわまちてらす閖上周辺の復興計画	132
7	宮城県石巻市：旧北上川右岸周辺の復興計画	134
8	福島県富岡町：さくらモールとみおか周辺の復興計画	136

大船渡市では、大船渡港に面したエリアが大きな被害を受けた。

復興計画の策定については、基本的な方針に留め、各地区の土地利用方針を作成した。そして各地区の土地利用方針は、その都度改訂している。

キャッセン大船渡は、その中でも主要な中心部の「盛地区・大船渡地区」に存在している。津波は大船渡港に流れる盛川周辺の低地部に被害をもたらした。なかでも低地部である大船渡駅周辺の商業地区が被害を被った。

復興計画における土地利用方針図の「盛地区・大船渡地区①・赤崎地区①・猪川地区①土地利用方針図」には、「大船渡駅、盛駅周辺地区は、賑わいのある商業機能の集積」と記されている。

キャッセン大船渡はこの方針のもとに計画された。右頁に方針図を示した。方針図はここでは最初に作成された方針図を取り上げている。

盛駅はＪＲと三陸鉄道の起終点であり、大船渡市にとっては主要な駅である。そして、盛川の上流部にあり、盛駅周辺の津波の被害は少なかったが、低地部の大船渡駅周辺は壊滅的な被害を受けた。

土地を手放す人が多く、それらの土地を市が購入することになった。

そのこともキャッセン大船渡が開発される大きな要因になり、これまでのシャッター通りを復旧しないように計画した。

> **盛地区・大船渡地区①・赤崎地区①・猪川地区①の土地利用方針**
>
> ○津波からの安全性が確保されるまちづくり
> ・ＪＲ大船渡線・道路の嵩上げによる防潮機能の付加
> ・浸水想定区域内の住宅地等は、防災集団移転促進事業等により、近傍の高台等へ移転
> ○山側への安全な避難路の確保
> ○道路機能の強化、安全な道路ネットワークの確保
> ○適切な土地利用の誘導
> ・大船渡駅、盛駅周辺地区は、賑わいのある商業機能の集積
> ・赤崎地区（県道沿道）は、商業・業務等の沿道サービスの土地利用を誘導
> ・市役所・リアスホール周辺地区は、業務機能の集積
> ・浸水想定区域は、産業系土地利用への転換
> ※この土地利用方針図は、復興計画策定時における基本的な考え方を示すものであり、今後、市民意見や関係機関との協議等を踏まえて具体的な検討を加えるものです。

＊**参考資料**：「大船渡市復興計画」平成 23 年 10 月、大船渡市

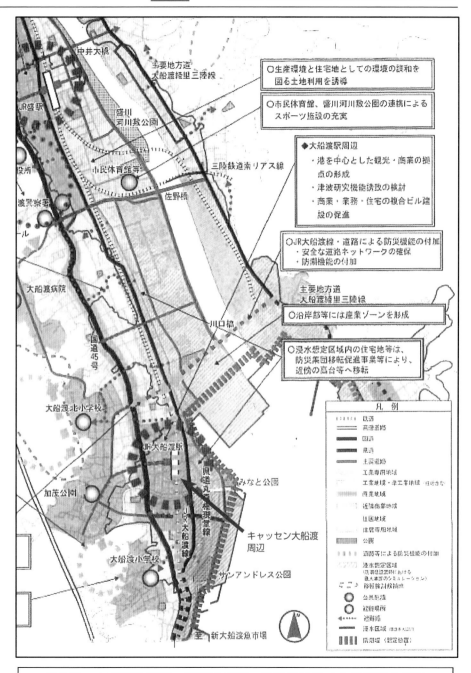

盛地区・大船渡地区①・赤崎地区①・猿川地区①の土地利用方針図

123

（1）新市街地と産業地域、防災道路網の形成

①整備方針

　被災した市街地は、低地部が津波の浸水を免れるように高さを確保することを基本に、山側にシフトした新しいコンパクトな市街地の形成を図る。また、被災した海岸地域等の低地部は、本市の基幹的産業と連携した新産業ゾーン、公園、農用地等の活用を図る。防災道路網は、広域幹線道路と連動した整備を促進するとともに、特に、新しい市街地内を通る幹線道路は、都市内交通のメインストリートとして整備促進を図る。

②整備目標

○新しい市街地の基盤整備により、メインストリートの幹線道路沿いに、道の駅を中心とした商業ゾーン、山側に住宅街の形成を図るとともに、公共施設の整備や民間医療施設、金融機関、郵便局等の公益施設、鉄道、バスターミナル等の再建を促進する。

○新産業ゾーンの基盤整備により、商工業等の既存企業の再建支援や食関連産業、再生可能エネルギー産業等、新規企業の誘致促進を図る。

○三陸縦貫自動車道の整備促進を図るとともに、国道45号、国道340号、国道343号、　主要地方道大船渡・広田・陸前高田線、一般県道陸前高田停車場線との連動により、避難道路として活用する新たな防災道路網を整備する。

（2）高田松原地区・防災メモリアル公園ゾーンの形成

　本市のシンボルでもある高田松原公園を再生するとともに、今回の大震災の多くの犠牲者を追悼、鎮魂する公園として、大震災の経験や教訓を後世に語り継ぎ、そしてまたより安全で暮らしやすいまちを創り上げ、「防災文化」として醸成し継承していくため、市街地を防御する機能を兼ね備えたメモリアル施設を有する高田松原・防災メモリアル公園ゾーンの整備を進める。

＊**参考資料**：「陸前高田市震災復興計画」平成23年12月、陸前高田市

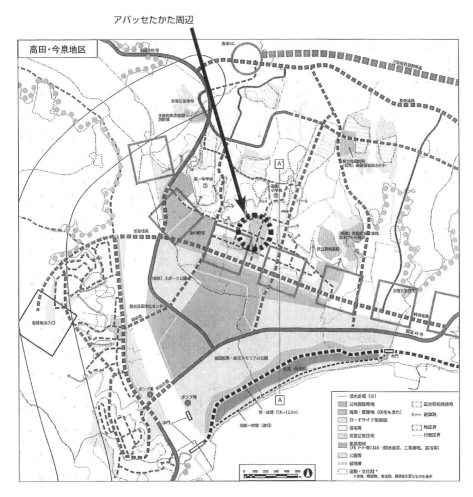

アバッセたかた周辺

高田・今泉地区

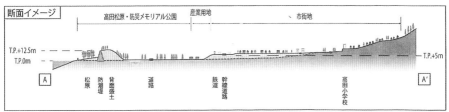

断面イメージ

陸前高田市震災復興計画イメージ図（高田・今泉地区）

（1）魚町・南町地区の復興まちづくりの基本的考え方

○事業活動の継続性に配慮した段階的な整備手法の検討

・魚町・南町地区は、古くから形成された港町を母体に中心市街地として発展し、生鮮店や飲食店、ホテル・旅館、問屋など、多様な商業・業務施設が集積した地区。

（2）魚町・南町地区の土地利用の方針

○商業・業務・住居複合系エリア

・本地区内での居住・事業継続を希望する方々の専用住宅、併用住宅、小売店などからなる安全で良好な市街地づくりを進める。

・レベル2の規模の津波に対応した防潮堤の整備の合意形成困難な場合は、本地区の財産、人命確保のため、土地区画整理事業による地盤の嵩上げ、地区内全域を対象として住宅立地制限の導入を図る。

○住宅用途とその他の用途の平面的・立体的分離による居住空間の安全性確保

・レベル2の規模の津波に対して防潮堤の高さや嵩上げの地盤の高さにより浸水被害発生する恐れがある場合、浸水する可能性が高い低層部分を対象とした住宅用途の制限、もしくは街区全体の住宅用途の制限を図る。

○小規模店舗・事務所、戸建て住宅の協同かの促進

・狭小住宅の住環境の改善、単独建て替えでは堅牢な構造への建て替えが困難な小規模店舗・事業所の解消などを目的とした共同建替えの促進。

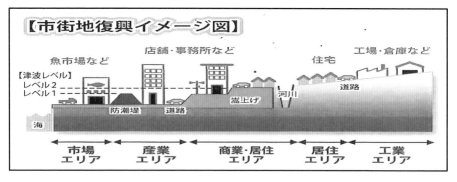

＊**参考資料**：「気仙沼市震災復興計画」平成23年10月、気仙沼市

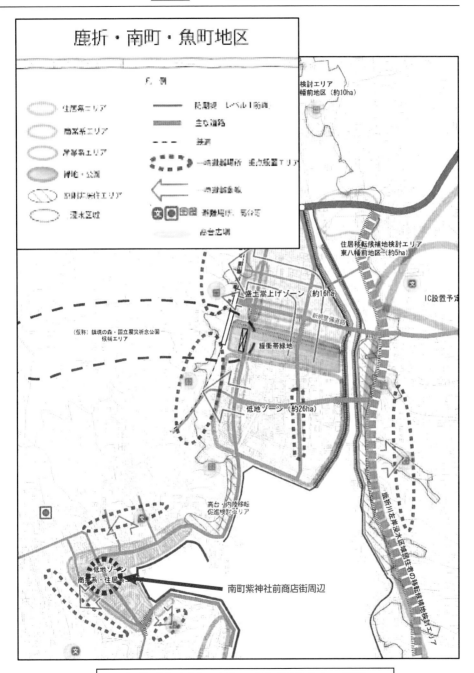

気仙沼市鹿折・南町・魚町地区イメージ図

（1）復興構想ゾーニングの基本的な考え方

○住宅地や公共施設を高台に移転し、安全性の高い場所に機能を配置。

○産業、商業・観光の機能、及び居住、公共公益等の機能をそれぞれ集約し、有機的な連携を促す。

○大きな被災を免れた高台の住まいや学校などと一体となった土地利用。

○志津川湾特有の自然地形や景観、東浜街道（気仙道）の宿場町、本吉郡の中心として栄えた港町の歴史・文化資源などを活かした土地利用。

○幹線道路や鉄道などの交通アクセス条件を有効活用した土地利用。

（2）志津川市街地ゾーン別方針

ゾーン名称	方針
居住ゾーン	・高台の住宅地や公共施設周辺を造成し、より安全な居住地を形成する区域
公共公益ゾーン	・役場、病院など重要な公共施設を高台に移転集約する区域
産業ゾーン	・水産業の再生に必要な市場・作業場・水産加工施設などを効果的に配置する区域 ※安全上、居住地としての利用は制限する。
商業・観光ゾーン	・港町らしい賑わいと魅力ある店舗等が並ぶ区域 ・港や水産資源を活かした観光交流施設等が並ぶ区域 ※安全上、居住地としての利用は制限する。
公園・緑地ゾーン	・復興の象徴であり、防災機能を有するなど、多面的な役割を担う公園を整備する区域 ・陸上競技場など多様なスポーツを楽しめる施設を整備する区域
施設誘致ゾーン	・三陸縦貫自動車道や国道４５号の交通利便性を活かしながら、産業活性化に向けて戦略的に企業等を誘致する区域 ※安全上、居住地としての利用は制限する。
農地・自然ゾーン	・浸水した農地の再生など自然的土地利用を推進する区域 ※安全上、居住地としての利用は制限する。
道路・鉄道	・国道や県道などは災害時の避難路としての役割も担うため、ゆとりある幅員を確保する。 ・高台の住宅団地を結ぶ連絡道路を整備する。 ・志津川駅（ＪＲ気仙沼線）は高台に配置する。

＊**参考資料**：「南三陸町震災復興計画」2012.3.36 改訂、南三陸町

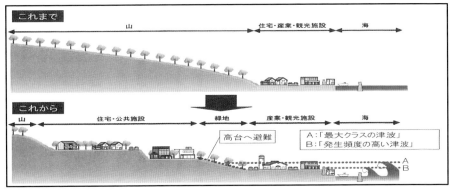

南三陸町志津川地区土地利用計画イメージ図

（1）町中心部の土地利用ゾーニング

①現市街地の浸水区域は、盛り土などの多重防御で津波被害の軽減を図る。

②現市街地周辺の山の造成により、新たな市街地を整備する。

・水産加工ゾーン　⇒　現漁港・港湾部

・商業観光ゾーン　⇒　現漁港・港湾部・女川駅周辺

・住宅・商業ゾーン⇒　現総合運動場・宮ヶ崎・鷲神浜・小乗浜・旭が丘西部

・多目的複合ゾーン　⇒　清水地区

・公共施設ゾーン　⇒　現総合運動場南側

③道路整備

・本町の主要幹線道路である国道 398 号を再整備する。

・石巻とのアクセスを確保する国道 398 号バイパス整備を要望する。

④メモリアル公園の整備

・町中心部においては、被災した施設を災害遺構として保存し、メモリアル公園の整備を図る。

⑤親水公園の整備・清水地区を流れる女川は、女川地名発祥の場所であることから親水公園として整備する。

（2）各ゾーンの考え方

ゾーン名称		ゾーンの考え方
住宅・商業	用途複合市街地ゾーン（盛土）	現市街地の浸水区域。嵩上げ等の津波減衰対策により安全性を確保
	高台市街地開発ゾーン（切土）	現市街地周辺の山を新たに造成した区域
水産加工ゾーン		現漁港・港湾区域
商業観光ゾーン		現市街地の浸水区域のうち、漁港区域周辺や女川駅周辺の区域
公共施設ゾーン		現市街地周辺の山を新たに造成した区域
多目的複合ゾーン		現市街地の浸水区域（清水地区）
メモリアル公園ゾーン		現市街地の浸水区域。港町・女川の復興シンボル街区として、震災の記録継承と海岸周辺のまち歩きの回遊性を生み出す公園として整備
海洋研究学術ゾーン		現東北大学大学院海洋生物資源教育研究センター周辺。水産業、海洋生物研究や津波研究等の学術研究拠点を整備

＊**参考資料**：「女川町復興計画」平成 23 年 9 月、女川町

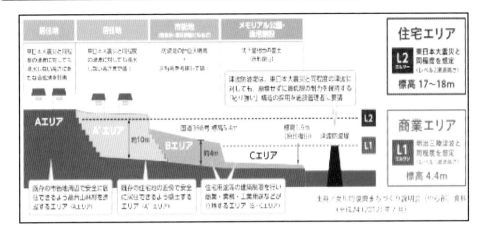

＜女川町復興まちづくり断面イメージ図（女川町復興まちづくり説明会資料）＞

女川町中心部の復興イメージ図（女川港から中心部を見る）

131

（1）津波対策の方針

○想定される津波に対し、多重防御ラインと避難路の確保により対応することを基本とする。

（2）名取市閖上地区まちなか再生計画

①土地利用計画

○震災からの復興を目指す新しいまちづくりとして、閖上地区の被災市街地復興土地区画整理事業区域一帯と、水辺のあるまちの特徴を活かすため国土交通省が進めている「かわまちづくり計画」の一部を計画区域に設定（計画区域：約 56.7ha）。

②公共施設等配置計画

○計画区域に公民館や医療・福祉施設を集積するほか、小中一貫校、消防署等の公的施設を配置。

③動線計画・駐車場整備計画

○自動車による来訪動線は、県道塩釜亘理線と閖上港線を主軸とする。

○歩行者・自転車による来訪動線は、計画区域を東西に貫く緑道を軸としつつ、堤防上の道路等も活用しゆりあげ港朝市等との回遊性を高める。

○名取市が商業施設の駐車場として約 90 台分整備するほか混雑時は 500m 東に整備予定の河川防災ステーションの駐車場約 200 台分利用可能。

④商業施設整備計画

○商業施設は、名取川の堤防の上下に配置。仙台方面からの観光　客が施設を見つけ、立ち寄りやすくするとともに水辺の憩いの場として整備。

○堤防上には、眺望を楽しむスペース等を確保し季節に応じたイベントの開催等により変化のある空間の提供。

＊**参考資料**：「名取市震災復興計画（改訂版）」平成 29 年 3 月、名取市

＊**参考資料**：名取市閖上地区まちなか再生計画　平成 30 年 1 月 30 日

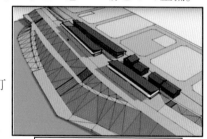

＜商業施設イメージ図

閑上地区土地利用計画・街路整備・施設配置計画図

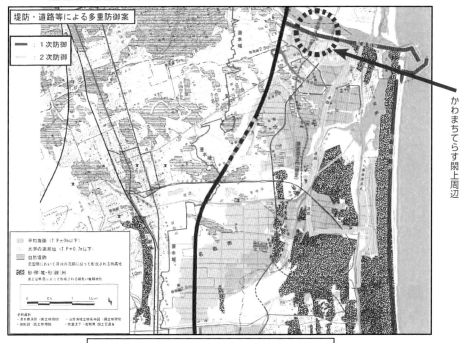

堤防・道路等による多重防御案

西部市街地復興整備方針（抄）

○海や河川からの津波や高潮に対し、防潮堤や河川堤防、高盛土道路の多重の整備により、石巻港臨港地区や中心市街地のほか、住宅地の安全の確保を図る。

○災害時において円滑かつ早急に避難するため、日和山や市街地内陸部への逃げ道となる避難路を確保するとともに、港湾部を中心に避難ビルの適正な設置を推進する。

○中央地区については、市街地再開発事業の導入により、中心市街地のポテンシャルを活かした土地利用の高度化を図る。

○中心市街地へのアクセス改善、災害発生時の避難路を確保するため、新内海橋の架設を県に要望するとともに、新しい橋りょうの整備を推進する。

○中心市街地商店街では復旧・復興に向けて、震災復興特区の活用による支援を推進するほか、地域住民との連携を図りながら、市街地再開発事業等の導入を見据えた商業・居住の再生・活性化に向けた取組みを推進する。

○中瀬や南浜町地区の公園については、震災復興のシンボルとして、これまでの石巻市の歴史を継承・発信していく観光拠点として整備を推進します。また、旧北上川の水辺を感じられるような水と緑のプロムナード整備を推進する。

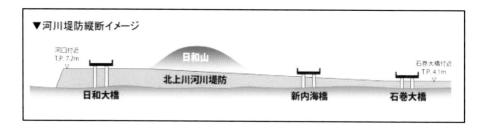

▼河川堤防縦断イメージ

河口付近 T.P. 7.2m　日和山　北上川河川堤防　石巻大橋付近 T.P. 4.1m

日和大橋　　新内海橋　　石巻大橋

＊**参考資料**：「石巻市震災復興基本計画」平成 23 年 12 月、石巻市

旧北上川河口復興イメージ図

西部市街地将来構想図

（1） 復興をめざす新たな土地利用方針

　富岡町の復興をめざす新たな土地利用方針については、双葉郡のほぼ中央に位置し多くの人々が交流した地理的優位性を最大限活かすとともに、帰還する町民だけでなく、「帰還しない」または「今は判断できない（しない）」道を選んだすべての町民が、ふるさとでの暮らしに誇りを感じ、富岡とのつながりを保ち続けられるよう、さらには、富岡町で新たに暮らし始める方々も居心地よく親しめるよう、仕事、生活、文化の再生、人々の交流の場をつくり、互いに連動、発展させていくことが極めて重要です。

（2） 先行ゾーン

　さくらモールは、市街地復興先行ゾーンに位置付けられている。

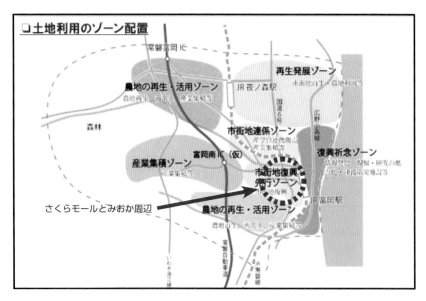

＊参考資料：「富岡町災害復興計画（第二次）」平成 27 年 6 月、富岡町